朝日新書
Asahi Shinsho 406

地方にこもる若者たち

都会と田舎の間に出現した新しい社会

阿部真大

朝日新聞出版

はじめに

「最近の若者は内にこもりがちで外に出ようとしないらしい。閉塞感の漂う今の日本を活性化するためには、外に開かれなくてはならない。若者よ。地元を出よ、日本を出よ！」と思っているような人にこそ、是非、この本を読んでいただきたい。この本が最終的に言いたいのは、**そう思っている人こそ、実は彼らより開かれていないかもしれない**ということである。「地方にこもる若者たち」はすでに、**これまでとは違うかたちで外に開かれはじめている。**この本を通して私が提案したいのは、彼らに学ぶ**「内にこもりつつ外に開いていく」**という新しい生き方のモードである。そのベースにあるのは、「他人のことは分からない」ことを前提に、謙虚に、話し合いによって「われわれ」を少しずつ変化させていくという考え方である。地域のコミュニティからいったんは完全に切り離された彼らに傲慢さはない。そんな謙虚さをもつ若者たちがこれからの日本を救うかもしれない。現代社会における「地方にこもる若者たち」の新しい生存戦略は、きっと、「新しい公共」のあり方を探るすべての人にとって有益なものとなるだろう。

地方にこもる若者たち　目次

現在篇

地方にこもる若者たち

現在篇では、岡山県近郊でのフィールドワークをもとに、地方に生きる若者の実態を、余暇、人間関係、雇用の三つの側面から論じる。

1990年代以降のモータライゼーション[1]の進行は、地方の若者にとっての郊外を「ほどほどに楽しめる場所」に変えた（第1章）。しかし、その結果、若者の「ほどほどパラダイス」（「パラダイス」とまではいかないがほどほどに快適な場所）となった郊外で彼らが関係をもっているのはあくまで「仲間」と「家族」であり、そこには旧来の「地域コミュニティ」は含まれない（第2章）。また、仲間同士で「永遠の日常」を夢見る彼らにも、将来の雇用問題や家族問題という漠然とした不安はのしかかっている（第3章）。つまり現在、彼らは整ったインフラ[2]のもとで家族や仲間たちと共にゆるい幸せを謳歌しつつも、将来に漠然と不安を感じながら日々を過ごしているのである。現在篇では、こうした地方の若者の現状を分析する。

第1章

若者と余暇

――「ほどほどパラダイス」としてのショッピングモール

岡山県倉敷市は歴史の街として知られている。倉敷駅の南側にはその名も「美観地区」と呼ばれる景観保存地区があり、黒壁の土蔵や屋敷、その間を縫うように走る倉敷川、美しい外観と西洋美術の充実したコレクションを誇る大原美術館などは観光客に人気のエリアとなっている。そこだけを見れば、倉敷が歴史の街と呼ばれていることが納得できるだろう（**写真1**）。

しかし、ひとたび駅の北側に出ると、まったく違った風景が広がっている。いや、「違った」と言うより「見慣れた」と言ったほうが正確かもしれない。それは現代日本を生きる私たちにとって見慣れた郊外の風景、自動車とトラックがひっきりなしに行き交う広い

写真１　倉敷駅の南側の美観地区

写真２　倉敷駅の北側には郊外店の看板が並ぶ

国道とそれに沿って立ち並ぶ巨大なロードサイド店と広大な駐車場の風景である（**写真2**）。

私たちは2011年、岡山県近郊で若者の生活実態に関する調査をおこなった。(3) 2011年当時、車をもたなかった私は共同調査者と一緒に倉敷市を自転車でまわったのだが、自転車で走りやすい美観地区のある南側と比べ、北側はとても走りにくかった。自動車での移動を前提とした街のつくり方になっているからである。こうした街が増加している現象を社会学者は「モータライゼーション」と呼ぶが、倉敷駅の南側と北側は、まさしく1990年代以降、急激に進行した倉敷市のモータライゼーション「以前」とモータライゼーション「以降」の対照的な街のあり方を浮かび上がらせている。

モータライゼーション以降の街、倉敷駅の北側に広がる地域のなかでももっとも目をひくのが99年にできた巨大なイオンモールである（**写真3、写真4**）。イオンモールとは、言わずと知れた全国チェーンのショッピングモールである。駐輪場から見ているとどこまで続くか分からないほどに巨大な宇宙基地のような建物と、1台の自転車など1匹の蟻のように見えてしまう広大な駐車場は、この地域のメルクマールのひとつとなっている。

イオンモールの前の通りは「イオン通り」と呼ばれ、休日になると大渋滞する。満車の

写真３　イオンモール倉敷

写真４　イオンモール倉敷の巨大な駐車場（奥は混雑時に開放される南駐車場）

駐車場とそれが空くのを待ち続ける自動車の列。休日のたびに倉敷の近郊に住む人々を飲み込み、吐き出す巨大なショッピングモールは、まさしくこの地域の消費秩序の「心臓部」と呼ぶにふさわしい(4)。

現在篇の最初の章である本章では、この「心臓部」が地方の若者にとってもつ意味を考えていくことで、彼らの感じる、地方で生きることの魅力の一端に迫っていきたい。

この章で用いるデータ

彼らの声に耳を傾ける前に、私たちがインタビューで用いた質問項目を確認しておこう。この章で主に扱うインタビューは、「余暇」に関する質問グループに対する回答であり、調査対象者と具体的な質問項目は**資料1、2**(41、43ページ)の通りである。

それぞれの質問項目についてインタビューがおこなわれたが、多くの若者は余暇、ことさら自分の趣味について話し始めるとなかなか止まらないものである。実際はこれらの質問項目に対する答え以上の語りを得ることができた。本章ではそうして得られた貴重なデータ(42ケース)とこのインタビューとは別に独自におこなった追加調査(2ケース)のデータを中心に話を進めていきたい。

表1　若者たちが余暇を過ごす場所

	イオンモールを挙げた者	イオンモールは挙げず他のショッピングモールを挙げた者	イオンモールは挙げず他の複合レジャー施設を挙げた者	いずれも挙げなかった者	合計
実数	21	5	4	12	42
（%）	50	11.9	9.5	28.6	100.0

イオンモールの占める存在感

イオンモールとは、彼らにとって何か。それについて考えることで、若者の感じる、地方で生きることの魅力の一端に迫ることが本章の目的であった。

まず、インタビューの対象者42名中（追加調査は除く）、余暇に関する質問に対して「イオン」という言葉をはっきりと出した者の数を数えると、半数の21名であった。「イオン」ではないが同様の大規模ショッピングモールまたは複合レジャー施設（フジグラン[5]、ラウンドワン[6]、スポッチャ[7]、アミパラ[8]など）を挙げた者も合わせると合計30名である。この結果は、彼らの余暇に占めるショッピングモールや郊外型複合施設の重要性を示すとともに、固有名詞としての「イオン」がいかに広く浸透しているかを示している（**表1**）。

つまり、約4人に3人の若者たちが「イオン的なところ」で余暇を過ごし、その3分の2がイオンモールそのもので過ごしているという

表2　余暇を過ごす場所としてイオンモールを挙げた21人の居住地

	居住地	イオンモール
1	笠岡市	倉敷
5	井原市	倉敷
6	**高梁市**	**倉敷**
10	高松市	高松
11	高松市	高松
13	高松市	高松
14	**真庭市**	**倉敷**
15	浅口市	倉敷
17	倉敷市	倉敷
21	**高梁市**	**倉敷**
25	倉敷市	倉敷
26	玉野市	倉敷
29	倉敷市	倉敷
30	倉敷市	倉敷
31	笠岡市	倉敷
32	広島市	広島祇園
34	総社市	倉敷
36	岡山市	倉敷
42	**高梁市**	**倉敷**
43	倉敷市	倉敷
44	岡山市	倉敷

ことになる。これほどの存在感を示すイオンモールとは一体何なのか。

倉敷市周辺の調査者が多かったため、大半の人が先に挙げたイオンモールとは、イオンモール倉敷のことを指している。

ここで注目すべきは、かなり遠いところからでもイオンモールに余暇を過ごしにやって来ているということである。高梁《たかはし》市に住む6さんや21さん、42さんは家からイオンモールまで自動車で約1時間はかかるし（6さんは「余暇を過ごすうえで、今の地域にいて不満に思うこと」という問いに対して「倉敷や岡山に出るのに時間がかかる」と答えている）、真庭市に住む14さんに至っては、高速を使っても1時間強、一般道ならば2時間以上はかかる。[9] これほど遠い場所からもわざわざ余暇を過ごしに来ているのである（**表2、地図**）。これはどういうことなのか。

地図　岡山県とイオンモール倉敷

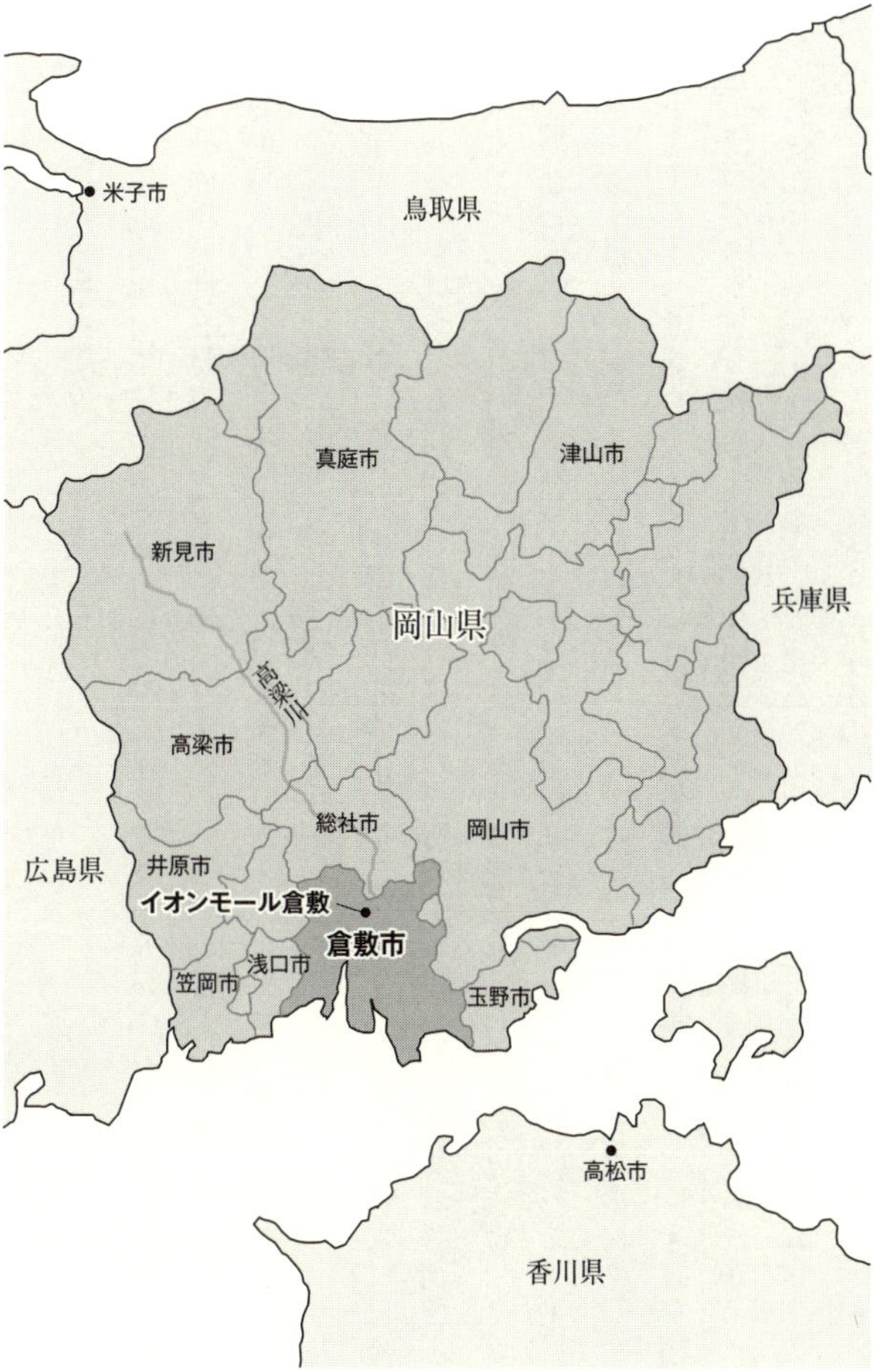

イオンモールに向かう若者たち

イオンモールに近い場所に住んでいる人にとってイオンモールは当たり前のようにあるものだから、その重要性を意識することはあまりないだろう。しかし、イオンモールから遠くに住んでいる人、わざわざ1時間以上かけてやって来る人にとってのイオンモールについて考えると、彼らの余暇に占めるその役割の重要性が明らかになる。

追加調査対象者である45さんは、岡山県の西北の山間部に位置する新見《にいみ》市に住んでいる20代の女性である。新見市は人口約3万3０００人の自然の美しい小都市である。14さんと同じく、彼女もそこから2時間近くかけてイオンモール倉敷まで行くのだと言う。

45さんは仕事をしているので、もちろん平日に行くわけではなく休みの日に行く。平日に必要な日常品は、近くのデパートやショッピングセンターで購入する。新見市にあるデイスカウントスーパー「サンパーク新見」には、家電量販店から携帯ショップ、１００円ショップにドラッグストア、靴屋からケーキ屋、ファミレスまで揃っており、さながらイオンモールのミニチュア版のようである[10]（**写真5**）。これだけあれば日常の用事には事欠かないだろう（45さんへのインタビューもこのなかのファミレス「ジョイフル」でおこなわれ

写真５　山あいに広がるサンパーク新見

写真６　サンパーク新見のなかにあるジョイフル

た。**写真6**）。

ユニクロとしまむら

それでは、彼女はなぜ、イオンモールに行くのだろうか。目的のひとつめは「服を買うため」である。彼女のお気に入りのブランドはユニクロなのだが、新見市の近くにはユニクロはない。一番近いユニクロがイオンモール倉敷のユニクロなのである。また、イオンモールには多くのショップが入っているため（レディスファッションだけで50店舗もある）[11]、ユニクロ以外にも色々な店でショッピングが楽しめる（**写真7**）。

写真7　イオンモール倉敷に並ぶレディスファッションの店舗

「倉敷のイオンで服は買います。お気に入りはユニクロですが、雑貨とか、他の店も見ます」

彼女はたまに鳥取県の米子《よなご》のイオンモール（イオンモール日吉津《ひえづ》）にまで行くこともあると言う。新見市は倉敷市と米子市の真ん中あたりに位置しているので、イオンモール日吉津にも2時間近くで行くことができる。

「倉敷のイオンはミニスカが多かったりとか若者向けな感じ。米子のイオンは落ち着いた感じです。マッサージ店も充実している」

イオンモール倉敷は「若い子向け」でイオンモール日吉津は「大人向け」。45さんは週末ごとの気分に合わせて行くイオンモールを選択し、ショッピングを楽しんでいるのである。

他の若者の間でも、イオンモールやユニクロで売られている服は、新見市や高梁市、真庭市などの地方の小都市でも買うことのできる服とは異なるものとして捉えられていた。その例としてしばしば挙げられたのが、岡山県の山間部にまでチェーン展開している「ファッションセンターしまむら」（**写真8**）である。前者は「楽しむための服」、後者は「必要のための服」である。たとえば美容師の女性は次のように語った。

写真８　高梁市にあるファッションセンター
しまむら

「宮崎あおいが宣伝してるショップのメーカー、アースっていうところで。作業着はしまむらで。お気に入りの服で仕事すると汚れるのよ、（ヘア）カラーで。だからしまむらでいいかな、作業着で」（26、「服を買いに行くときは、どのような店に行くことが多いか」への回答）

アースはイオンモール倉敷に入っているブランドである。26さんにとって、「楽しむための服」はアース、「必要のための服」はしまむらである。

また、パートで働くシングルマザーの女性は同じ質問に次のように語っている。

「しまむらです。子どもにすぐ汚されたりするので、動きやすかったり汚れてもいい服。

こだわりはあんまないです」(8)

子育て中の8さんは汚れてもよい服をしまむらで購入する。わざわざ「こだわりはあんまないです」と言っていることからも分かるように、ここでも、「楽しむための服」と「必要のための服」が対比させられている。もちろん、しまむらは「必要のための服」である。

45さんは、家の近くでは買うことのできない「楽しむための服」を探すために、週末、イオンモールに向かうのである。

イオンモールまでのドライブ

45さんのイオンモールに行く目的のふたつめは、そこまでのドライブを楽しむことである。

「運転が好きです。スピード出すのが楽しい(笑)」

写真9　車窓からのぞむ高梁川

私も実際に新見市から倉敷市まで国道180号線を車で走ったのだが、高梁川沿いにひたすら延びる道は適度にコーナーがあり、信号も少なく、山と川のコントラストも美しい、ドライブにはもってこいの道であった（**写真9**）。彼女にとっての余暇は、イオンモールに向かい車で走っているときからはじまるのである。

地方の若者にとって、ドライブは移動手段以上の意味をもち、それ自体で余暇の一部を成している。

「勤務によっても違うんですけど、遅出、早出2種類あるんだけど遅出の終わりがだいたい九時くらいになるんですけど、ご飯食べに行きます。ちょっとドライブしようというのもあったり。友人同士、愚痴をこぼし合ったりもします」（19、「友人や家族と、どのような場所や店に遊びに行くことが多いか」への回答）

「休日は絶対連れとおるね、誘いもあるけ、どっかドライブしたり、同じ職場のやつもおるけ仕事終わりに飲みに行ったりしとるね」（13、同）

「休日に乗物（車やバイク）にのったりするのがストレス解消ですね」（24、「日ごろのストレス解消法」への回答）

　イオンモールから離れたところに住んでいる若者にとって、イオンモールに行くことは「遠足」のようなものである。「余暇を過ごすうえで、今の地域にいて不満に思うこと」という問いに対して、14さん（真庭市在住）は「お店が少ない」、21さん（高梁市在住）は「店がないので若者が少ない」、42さん（高梁市在住）は「遊ぶ場所がすくない」と答えた。彼らは3人とも遠く離れたイオンモールで余暇を過ごしている。**彼らにとって、それは、楽しむ場所のない家のまわりを離れ、1日かけてドライブを楽しみ、ショッピングを楽しみ、映画を楽しみ、食事を楽しむことのできる、極めてよくできたパッケージであり、まさしく「遠足」と呼ぶにふさわしい余暇の過ごし方なのである**[12]。

　同じくイオンモールで余暇を過ごす6さん（高梁市在住）も、「よくある休日の過ごし方のパターン」を次のように語っている。

「友人や家族と市外に出かけてご飯を食べて帰ります、あるいは、家でゆっくり映画やドラマを見て過ごします」

「家か市外（イオンモール）か」といった6さんの言い方は極端に聞こえるかもしれない。しかしこれこそ、イオンモールから離れたところに住む地方の若者の余暇のリアリティなのである。章の冒頭でも触れたが、それを可能にしたのは、快適な道とロードサイド店の開発、すなわちモータライゼーションである。

倉敷市近郊のモータライゼーション

ここで少し時間を巻き戻そう。

イオンモール倉敷ができたのは1999年だが、90年代の後半は、倉敷市の再開発が大々的におこなわれた時期であった。その象徴が、「倉敷チボリ公園」（図1）とイオンモール倉敷である。

90年代は大規模な公共事業が各地でおこなわれていたが、それはバブル経済の崩壊以降

図1　倉敷チボリ公園

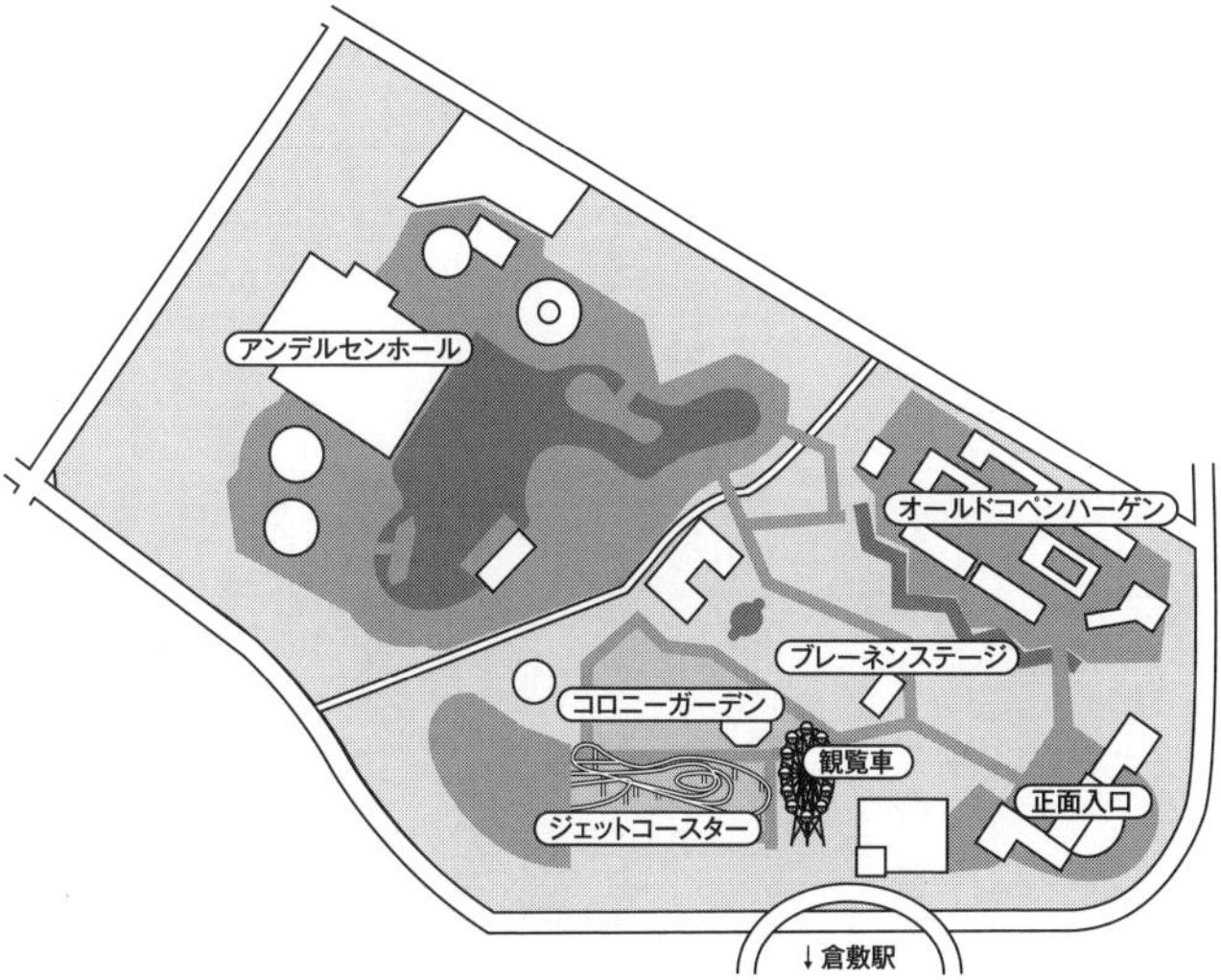

1997年、デンマークの「チボリ公園」をモデルとしてオープンしたが、2008年に閉園。跡地にはショッピングモールの「アリオ倉敷」が建設されている

も変わらなかった。むしろ、バブル経済の崩壊で商業地の価格が下落し、用地の取得コストが低下、また、メーカーの生産拠点の海外移転により大規模な工場用地が都市開発に供給されるケースが増加し、大規模都市開発はよりいっそう活発化した。倉敷市に関して言えば、その象徴とも呼ぶべき存在が、岡山市制施行100周年の目玉事業として計画され、クラボウ（倉敷紡績株式会社）の倉敷工場跡地に建設された大規模なテーマパ

ーク、倉敷チボリ公園であった（毎日新聞大阪朝刊1996・7・27）。チボリ公園とは、コペンハーゲンにある「チボリ公園」のノウハウを引き継いだ有料のテーマパークで、アトラクションやショーも充実していた。倉敷チボリ公園の開園は97年だが、開園当時の写真を見ると、公園だけでなく、周辺の道路環境も道が広くなるなどして整備されていることがよく分かる。[13] 事実、チボリ公園の南沿いには、昭和宮前線・寿町八王寺線が拡幅され、当時、同様の都市計画道路であったJR中庄駅と倉敷スポーツ公園を結ぶ中庄駅公園線、高架化された水島臨海鉄道の下を南北に走る水島南北1号線・水島南北2号線とともに「愛称」まで公募された（朝日新聞朝刊岡山面1997・7・4）。つまり、チボリ公園の再開発計画は、そこに至るまでの道路も含めた総合的なものとしておこなわれたのである。それは、それまで光の当たらなかった倉敷駅の北側の再開発の「キックオフ」とも呼ぶべき事業であった。

チボリ公園の開園当時の熱気は、その入場者数によくあらわれている。開園1年での入園者数は当初目標の90万人を上回る390万人を記録し、大きなニュースとなった（朝日新聞朝刊岡山面1998・7・17）。

そして、チボリ公園に続けとばかり、99年、倉敷駅北口の少し離れた場所にイオンモール倉敷がオープンした。イオンモール倉敷は西日本最大級のショッピングモールの誕生として当時大きな注目を集めた。しかし、イオンモール倉敷がオープンするまでには、地元の小売業者との熾烈《しれつ》な駆け引きもあったことを忘れてはならない。97年には倉敷商工会議所が大規模小売店舗審議会に意見書を提出し、98年には共産党県議団と同市議団が出店を認めないよう、県に申し入れた。その結果、98年、大規模小売店舗審議会中国審議部会の結審により、施設面積を18・1％減らすことで決着がついた（朝日新聞朝刊岡山面1998・3・18）。これは、当時、地元の商店街がいかに大規模ショッピングモールの進出に危機感をもっていたかをあらわすエピソードだろう。

その後、大阪のUSJ（ユニバーサル・スタジオ・ジャパン）の開園（2001年）などの影響もありチボリ公園が集客力を落としていくなかで[14]、イオンモール倉敷は順調に集客数を伸ばしていく。06年の『読売ウイークリー』（1月22日号）の特集、「イオン規制で蘇る？　瀕死の駅前商店街」では、商店街を滅ぼす大規模ショッピングモール（「まち枯し」と呼ばれる）の象徴としてイオンモール倉敷が登場している。

チボリ公園の失敗とイオンモールの成功は、倉敷市の近郊に住む人々が、非日常の余暇としてではなく、日常生活の延長線上に、つまり日常の消費生活のなかにこういった大規模施設を望んでいたことの証《あかし》だろう。チボリ公園の跡地に「イオンモール第2弾」とでも呼ぶべきアリオ倉敷が建設されたことはそのことをよくあらわしている。

いずれにせよ、90年代の後半から00年代にかけ、チボリ公園とイオンモール倉敷をシンボルとして、倉敷市のモータライゼーションは完遂し、この地域の消費秩序を大きく転換させたのである。

プラスアルファの大都市

ここまで、イオンモールから離れたところに住んでいる若者の余暇の中心としてイオンモールが位置づけられることを確認してきたが、それでは、イオンモールに近いところに住んでいる若者にとって、余暇の中心はどこにあるのだろうか。彼らにとっては、東京や大阪、神戸といった大都市がそれに当たるのだろうか。

答えは否である。イオンモールの近くに住む人にとってもイオンモールは余暇の中心である。彼らにとって大都市は「プラスアルファの余暇」を楽しむ場所として位置づけられている。「東京や大阪のような都会に遊びに行きたいとか、買い物に行きたいと思うことはあるか」という質問に対して28人が「ある」と答えたが、その内容を見てみると、大都市での余暇は、普段の余暇に付け足すスパイスのようなものとして捉えられていることが分かる。


「たまにありますね。TDL（東京ディズニーランド）やUSJ（ユニバーサル・スタジオ・ジャパン）に行きたい」(5)

「買い物ではなくディズニーランドに行きたい」(11)

「人とかいろんなものを見にたまに行きたいと思う」(13)

「こっちにないものとかあるから買い物には行きたい」(30)

「半年くらいに一回は行きたい。東急ハンズとか」(39)

「ちょっと変わったお店とかに行きたい」(40)


このことを考えると、かつてイオングループは「シブヤもハラジュクもうらやましくない」と広告にうたったが[15]、それは、半分当たり、半分当たらなかったと言えるだろう。

まず、どれだけ遠くても2時間圏内くらいならば休日、若者は車に乗ってイオンモールに駆けつける。ドライブを楽しみショッピングを楽しみ映画を楽しみ食事を楽しむ。こうした余暇のあり方を生み出したという点で、イオンモールは地方の若者の余暇を大きく変えた。しかし、一方で大都市に対する憧れが残っていることも事実である。その意味でイオンモールはまだ渋谷や原宿にはなってはいない。(16)

「ほどほどパラダイス」としてのイオンモール

つまり、イオンモールとは、大都市ほどの刺激はないにせよ、「ほどほどに楽しめる場所」を地方の若者に提供していると言えるだろう。

かつて地方には(大都市から発信されるマスメディアのイメージを基準とすると)「ほどほどに楽しめる場所」が少なかったため、そこは若者にとって退屈なものであり、その分、大都市が輝いていた。「ラストで故郷を捨てて東京に出る」というのは、青春映画のよくあるプロットのひとつであった(後にも触れる88年に公開された青春映画『So What』〔山中直人監督〕は、主人公の高校生であるヒロシが退屈な田舎である地元を捨てて東京に向かうところでラストを迎える)。

しかし、みんながみんな大都市の刺激に憧れていたわけではない。ひょっとすると「地元でほどほどに楽しめたらいいのに」といった程度に考える若者のほうが多かったかもし

図2

つまらない地方／刺激的な大都市
⇩
つまらない地方(田舎)／**ほどほどに楽しい地方都市**／刺激的な大都市

れない。イオンモールは、まさしくそうしたマジョリティの欲求を満たすものだったのである。

図にしてあらわすと、**図2**のようになる。「つまらない地方」と「刺激的な大都市」という二項対立がかつての構図であったとすると、今は、その間に「ほどほどに楽しい地方都市」という選択肢が割って入った。それを象徴するものがイオンモールなのである。

はじめの問いに戻ろう。イオンモールとは、地方の若者にとって何か。それは「ほどほどの楽しみ」を与えてくれる「ほどほどパラダイス」である。**大都市のような刺激的で未知の楽しみがあるわけではないが、家のまわりほど退屈なわけではない、安心してほどほどに楽しめる場所。**それが、多くの若者を捉えて離さないイオンモールの正体である。

魅力を増す地方都市

だから、「イオン的なところ」が地方都市に増殖していることも理解できる。インタビューのなかに登場した、イオンモールと同様の大規模ショッピングモールであるフジグラン、アミューズメントの要素だけを取り出したスポッチャ、ラウンドワン、アミパラなどの郊外型複合施設などである。そして、そうした施設ができればできるほど若者の「ほどほどの楽しみ」は増え、地方都市の魅力は増していく[17]。

「都会、地方都市、田舎など、どういう場所で住むのが理想的か」（63ページ資料3「地域に関する質問項目」のB）という質問に対して、42名の若者のうち、27名までもが「地方都市」と答えているのは、この魅力と大きく関係しているだろう（「田舎」は8名、「都会」は7名であった）。ちなみに、本書では「地方」という言葉を、この質問における「地方都市」の意味で使っていく。一方、「地元」という言葉はそれとは異なる、「その人の生まれ育った場所」という意味で使っていく。

地方都市に住みたい理由について見ても、そのバランスの良さを指摘する理由が目立った。回答をいくつか紹介しよう。

「地方都市。あんまり何もないよりは少しあったほうが、自分が楽しめるかなと思います。山間部よりものはあるけど、東京や大阪より人ごみも少なくていいかな」（1）

「私は地方都市がいいですね。農村で住むの不便かな、逆に都会は好きなんですけど、住

みたいとは思えないです。地方都市はいろいろとバランスがとれているんだと思います」（2）

「地方都市ぐらいでいいと思います。そんな大都市はいいかなと思います。かといって、山間部はちょっと」（5）

「都会に生活したいとは思わない。たまに行くのがいいと思う。住むっていうのは、もうちょっと静かな所でっていう。あんまりせかせかしとるのが好きじゃないけん。でも、山のなかは絶対嫌。夏休みとかに1週間くらい涼むのはいいけど、住むのは無理。そういう点、高松は自分的にはいいと思う」（10）

「地方都市かな。そっちのほうがいいし。遊びたいとこもあるけど、田舎もある」（21）

「まあ、中間くらいで。いろんなところにすぐ行けたり、田舎でのんびりできたり」（32）

「地方都市ですかね。都会は人が多いし、自然がないのが嫌ですね。田舎過ぎると今度は生活に不自由が出てくるんで、それも困りますし。今住んでいるぐらいの、ほどよい栄え方が暮らしやすいですかね」（41）

田舎ほど不便ではなく、大都市ほどごみごみしていない。地方都市はバランスがとれていてほどほどに楽しむことができる。この「ちょうどよい」感じが地方都市の魅力である。(18)これはまさしくここまでで見てきた「イオン的なもの」の特徴でもある。

しかし、そんな「ほどほどに楽しい地方都市での生活」には何かが欠けている。次章で考えていきたいのは、その「何か」についてである。

(1) 道路網とそれに沿った店舗が整備され、自動車が生活必需品になっていく流れを指す。自動車が普及して以降、戦後日本では一貫してモータライゼーションは進行してきたのだが、この本が注目したいのは、1990年代以降の日本における(質的な面での)変化である。それは道路網の整備というより、ショッピングモールに代表されるロードサイド店の果てしない巨大化とコンテンツの充実に重点が置かれたものであった。

(2) インフラストラクチャーの略。福祉の充実や経済の発展のために必要とされる道路、公園、学校などの社会的基盤のこと。近年(特に2012年12月に起きた中央道笹子トンネルでの崩落事故以降)、新規建設だけではなく、老朽化による維持、補修の必要性が叫ばれている。

(3) この調査は、私の東京大学の研究室の先輩でもある吉備国際大学の轡《くつわだ》田竜蔵氏と共同で、社会調査実習のなかでおこなったものである。質問項目は轡田氏が長年、吉備国際大学の当該科目のなかで使用してきたものに、2011年度の調査用に共同で加筆、修正して作成した。インタビュー調査は、調査者があらかじめ対象者に電話等で簡単なアンケートを実施し、基本的なプロフィールや満足度(学歴、仕事、家族、友人、余暇、地域、社会、現状の各満足度)を把握した上で、1対1の対面方式でおこなわれた。インタビューは、プロフィールの確認をおこなった上で、仕事、家族、余暇／ライフスタイル、地域、日本社会／世界、総合評価の順に質問項目を聞いていった。インタビューはひとりにつきおよそ1時間30分から2時間ほどかかった。

（4）2011年の11月には倉敷駅北口の倉敷チボリ公園跡地に超大型のショッピングモール、アリオ倉敷がオープンし、この地域の「心臓部」はふたつになった（**写真①**）。ただしこの本で扱う調査時にはオープン前であったため、若者たちの声にはアリオ倉敷は登場しない。

写真①　アリオ倉敷には人気のクリスピークリームドーナツも入っている

（5）愛媛県に本社を置く株式会社フジが展開するショッピングモール。四国を中心に、広島県、山口県にも合計29店舗を展開している。店舗はF（FUJI）とG（GRAND）を足し合わせた青いシンボルマークが目印。愛媛県にはより大規模なショッピングモール、エミフル MASAKI もある。

（6）全国111店舗、北米に2店舗を展開している日本を代表するアミューズメント施設。本社は大阪府にある。ボウリングを中心にカラオケ、メダルゲーム、ビリヤード、ダーツ、卓球、その他各種スポーツを楽しめる巨大な施設。本書に登場する若者たちが通っているであろうラウンドワンはラウンドワンスタジアム岡山妹尾《せのお》店である。

（7）ラウンドワンスタジアムに併設されているスポーツアミューズメント施設。岡山妹尾店のスポッチャでは、3 on 3、ミニサッカー、テニス、キャッチボール&フリスビー、バッティング、パターゴルフ、アーチェリー、ピッチング、ゴルフ打放し、ポケバイ、ローラースケート、ロデオ、

写真②　イオンモール津山

ダーツ、ビリヤード、テーブルテニス、スマッシュピンポン、ガンシューティング、オートテニス、キックターゲット、ミニボウリング、カラオケなどの数多くのアクティビティが楽しめ（多い！）、併設される子ども向けのキッズスポッチャでは、キューピック・キュービック、アスレチック、ドリームボンバー、アイランドボールプールなどが楽しめる。

⑧ 「大人になってもしっかり遊ぶ」をキャッチフレーズに、東は兵庫県の垂水店、西は長崎県の佐世保店まで、西日本を中心に20施設を展開するアミューズメント施設。岡山県に本社がある。本書に登場する若者たちが通っているであろうアミパラ倉敷店は、1Fがゲームセンター、2Fがボウリング場（アミパラボウル）になっている。

⑨ 真庭市にもっとも近いイオンモールはイオンモール津山なのだが、イオンモール倉敷が230の専門店を有するのに対し、イオンモール津山は74の専門店のみである。また、駐車台数も4700台に対し2000台と2倍以上の隔たりがある（それでも十分に大きいのだが）。その規模の違いが14さんをしてイオンモール津山ではなくイオンモール倉敷に向かわせているのだろう（**写真②**）。

⑩ サンパーク新見のホームページによると、入っているテナントは、サンストア（スーパー）、ミカミ（ファッション）、ジュンテンドー（ホームセンター）、ZAG ZAG（ドラッグストア）、meets.（100円ショップ）、auショップ、docomoショップ、つっぴぃ（おもちゃ）、サンサンランド（アミューズメント）、一口茶屋（ラーメン店）、タカラブネ（ケーキ屋）、カネコ（クリーニング）、ヤマダ（家電量販店）、ジョイフル、東京靴流通センター、カメラのキタムラである。日常生活を営むには十分な数の専門店が入っていることが分かる。

(11) ここで挙げきることはできないので、詳しくはイオンモール倉敷のホームページを参照していただきたい。

(12) ショッピングモールへの買い物を「遠足」と見る視点は、『遠足型消費の時代――なぜ妻はコストコに行きたがるのか?』(中沢・古市2011)にインスパイアされたものである。『遠足型消費』とは、小学校の遠足のように、日常の延長として消費やレジャーを体験型で楽しむスタイル。行く前の日はちょっと楽しみで、日常と少しだけ離れたキラキラした空間で、キラキラしたものを買い、キラキラした時間を過ごすこと」(中沢・古市2011:19)とある。これは、1980年代後半〜90年代前半のバブル時代の浮ついた「ギラギラ消費」と対比的なものである。

(13) 『岡山人じゃが』(2009年第1号)のカラー口絵、「チボリ残影」を参照。

(14) 2001年度には早くも売り上げが前年度比3割減となり、赤字も膨らんだ。その後、テーマパークから「プログラムパーク」への路線変更、社員自らがパフォーマンスをするなど経営努力は続けられたが(朝日新聞朝刊岡山面2002・6・25)、08年12月31日に閉園した。

(15) 轡田(2011:187)を参照。

(16) もしシブヤやハラジュクに代わるものが地方に生まれるとしたら、それはイオン的なものではなく、ネット空間においてであろう。6さんは、「東京や大阪のような都会に遊びに行きたいとか、買い物に行きたいと思うことはあるか」という問いに対して、「最近はネットでいろいろできるのでそこまで強く思わない」と答えている。6さんの発言からは、モータライゼーションと同様のインパクトを地方に与えたもうひとつの大きな変化であるネット環境の充実をうかがい知ることができる。

(17) 外食産業に関しても同様のことが言える。「外食するときは、どのような場所や店に行くことが多いか」という問いに対して挙げられた店名は、「匠(ラーメン)、ふー太(ラーメン)、ロムレット、ガスト、おふくろ亭、すき家、パスタスタイル、しまなみ(回転寿司)、ぐりぐり家(焼肉)、マクドナルド、レインボー(カフェ)、ジョイフル、びっくりドンキー、やよい軒、情熱かつ食堂、ぽけっと(喫茶)、丸亀製麺、武蔵の国(ラーメン)、みっちゃん(焼き鳥・お好み焼き)、八犬伝(居酒屋)、すし丸(回転寿司)、鎌倉パスタ、スターバックス、翔甚(居酒屋)、ちゃちゃっと食堂、CoCo壱番屋、サイゼリヤ、せんべや(お好み焼き・鉄板焼）、吉野家、スシロー、天下一品（ラーメン）、マリオ（イタリアン）、ゾーナイタリア、くるまや（ラーメン）」の34店であった。予想通り、ショッピングモールのなかに入っている店か郊外型のロードサイド店、つまり、イオン的なところで遊んだついでに寄ることのできる店が大半を占めた。

⑱ 2012年におこなった大規模な全国調査（「東日本大震災からの復興に向けた総合的社会調査」）では、「あなたは、現在お住まいの地域に10年後も住み続けたいですか」という問いを設けたのだが、それに対する都市規模別の回答は、**表①**の通りになった。

表①　「あなたは、現在お住まいの地域に10年後も住み続けたいですか」×都市規模

都市規模	総数（人）	はい	いいえ
東京23区	72	79.2	20.8
政令指定都市	248	81.5	18.5
人口20万以上の市	269	85.1	14.9
人口10万以上の市	229	87.8	12.2
人口10万未満の市	260	86.9	13.1
郡部	122	78.7	21.3
合計	1200	84.3	15.8

（単位は％）

住み続けたいと考える人の割合は、人口10万以上の市、人口10万未満の市、人口20万以上の市、政令指定都市、東京23区、郡部の順に高くなっていることが分かる。地方の中小都市の魅力が、世代、地域を問わず支持されていることを示す調査結果である。

資料1　調査対象者一覧

	年齢	性別
1	20代	女
2	20代	男
3	20代	男
4	10代	男
5	20代	男
6	20代	女
7	20代	男
8	20代	女
9	20代	男
10	20代	女
11	20代	男
12	20代	男
13	20代	男
14	20代	女
15	20代	男
16	20代	男
17	20代	女
18	20代	女
19	20代	男
21	30代	男
22	20代	女
23	20代	男

	年齢	性別
24	20代	男
25	30代	女
26	30代	女
27	20代	男
29	30代	女
30	20代	男
31	30代	男
32	20代	女
33	20代	男
34	20代	男
35	20代	男
36	20代	女
37	20代	男
38	30代	男
39	20代	女
40	20代	女
41	20代	女
42	20代	男
43	20代	女
44	30代	男
45	20代	女
46	20代	男

（45、46は追加調査、20、28は欠番）

K　車はもっていますか。
（もっている場合）車種は何ですか。／車に乗ることは好きですか。（どの程度？）／車は自分が所有している車ですか。

（もっていない場合）その理由

L　将来、実家（または配偶者の実家）ではなく、自分の家を新しく買いたいと思いますか。
（思う場合）具体的にその予定はありますか。／どの地域に、どんな家を買いたいですか。

（思わない場合）その理由

M　趣味は何ですか。⇒趣味には、どれくらい時間をかけていますか。

N　趣味のほかで、時間をかけて取り組んでいることや取り組んでみたいことはありますか。⇒（具体的に……ボランティア、資格取得の勉強など〈資格名も明確に尋ねる〉）

O　ある程度の休暇があるとしたら、あなたはどのように過ごしたいですか。
⇒「地元でゆっくり過ごす」ことと「海外旅行」とでは、どちらに興味がありますか。

P　仕事の時間と余暇の時間とでは、どちらの時間がより「自分らしく」いられますか。
⇒その理由

Q　あなたは、自分が個性的なほうだと思いますか。あるいはそうではありませんか。
⇒その理由

資料2　余暇に関する質問項目

A　余暇の生活についての満足度の評価の理由を教えてください。

B　余暇は友人と一緒に過ごすことが多いですか。家族と過ごすことが多いですか。それとも、ひとりで過ごすことが多いですか。⇒友人関係の満足度の評価の理由を教えてください。

C　休日は十分にとれていると思いますか。

D　よくある休日の過ごし方のパターンを、いくつか挙げてください。(朝起きてから、夜寝るまでの流れを、順を追って説明してください)

E　友人や家族と、どのような場所やお店に遊びに行くことが多いですか。具体的に教えてください。(その場所がどこなのかについても)

F　外食するときは、どのような場所やお店に行くことが多いですか。好きな場所やお店について、具体的に教えてください。(その場所がどこなのかについても)

G　服を買いに行くときは、どのようなお店に行くことが多いですか。お気に入りの店やファッションのこだわりについて教えてください。(お店の場所がどこなのかについても)

H　日ごろのストレスを解消するために、何かやっていることはありますか。あれば、具体的に教えてください。

I　余暇を過ごすうえで、今住んでいる地域にいて不満に思うことはありますか。あれば、具体的に挙げてください。

J　東京や大阪のような都会に遊びに行きたいとか、買い物に行きたいと思うことはありますか。それともあまりありませんか。⇒その理由

第2章

若者と人間関係

——希薄化する地域の人間関係

前章では、イオンモールに代表される大規模ショッピングモールのもつ意味について考えることで、余暇から見た若者にとっての地方の魅力の一端を明らかにした。本章で見ていくのは、人間関係から見た地方の魅力である。

それは、ある人間関係の欠落と説明できるのだが、前章の最後に述べた通り、その欠落は、若者にとって魅力的なものであると同時に、彼らの感じる自身の将来の不安にもつながるものである。本章ではその両義性について考えていきたい。

本章で主に扱うインタビューは、「地域」と「家族」に関する質問グループに対する回答である。具体的な質問項目は**資料3、4**（63、65ページ）の通りである。

地元の人間関係

最初に、ある若者のケースを紹介しよう。

岡山市に住む3さんはケーキ屋で働く若者だが、質問に対する彼の答えのいくつかを見ていると、そのちぐはぐさに戸惑わざるをえない。

まず、「今生活している地域は好きか嫌いか」という問いに対して、彼は次のように答えている。

「好きですよ。見ててのほほんとする。人が嫌な顔をしているところを見たことがないから」

それに続く「地元に住み続けたいか」という問いに対しては、「今のところは思う。便利。ちょっと行けばいろんな店があるし、遊び場がいっぱいある」、「地元について良いと思う点」という問いに対しても、「やっぱりいて楽しいし、便利だし、自分の周りに関して嫌だと思ったことがない」と、肯定的な意見が述べられる。

そんな「地元びいき」の3さんに、「今住んでいる地域はどんな雰囲気のところか」と問うと、次のように答えた。

「今住んでる地域はな、すんごい特徴があるのよ。近くに小学校があるんよ。小学校の近くなだけあって、自分が見ても地元の結びつきが強い地域やと思うんよ。よく近所のおばちゃんたちが綺麗な用水路に足突っ込んで話してる。それが昼によう見られる。雨の日は誰かのガレージでやってる」

そして、「地元について悪いと思う点」という問いに対しては次のように答えている。

「いっぱいあるよ。住んでいる地域の人たちが何を考えてるか分からない」

また、「現在、何らかの地域の活動に関わっているか」という問いに対しては「興味がないので関わっていない」と答えた。

彼は、便利で、娯楽が多く、結びつきが強く、のどかな地元が好きで、そこは「人が嫌な顔をしているところを見たことがない」くらい快適な場所だと言う。しかし、同時に彼は「地域の人たちが何を考えているか分からない」とも言い、地域の活動にも興味がないために関わっていない。地元が好きだと言っているのに、そこに住んでいる人のことがよく分からず、興味もないと言う。（一見）矛盾したこの態度が、私の感じたちぐはぐさである。

　これはどういうことなのだろうか。この部分だけ見ると、彼は対人関係が苦手なのかと思う人もいるだろう。しかし、友人関係に関する彼の評価は「とても満足」である。家族関係に関する評価は「どちらとも言えない」だが、「家族間では仲はいい。だけど時折ぶつかる時もある。冷たい日もあるし、あたたかい日もあるからどちらとは言えない」という理由を見ると、家族ともきちんとコミュニケーションをとっているようである。

　一方、その地域の住民に対して、彼の言葉遣いは荒くなる。たとえば「今生活している地域には若者にとって魅力的な仕事があるか」という問いに対して、彼は「ない」と答え、「まず職場がない。じじばばはあるけど。若者（にとって魅力的な仕事）はない」と言っている。「じじばば」とはずいぶんな言いようである。

　つまり、こう考えることができるだろう。彼のなかでは、**地元が好きであることと地域**

	家族○ 友人○ 地域×	家族○ 友人× 地域×	家族× 友人○ 地域×	家族× 友人× 地域×	合計
	23	0	4	3	41
	56.1	0	9.8	7.3	100.0

（家族関係、友人関係についてはa、bを○、c、d、eを×とし、地域関係については活動しているを○、活動していないを×とする）

住民に興味がないことは両立しうることで、矛盾しない。つまり、彼にとって地元の人間関係とは、友人関係と家族関係のことを指し、地域社会における人間関係はそこから除外されているのである。そう考えると、彼の発言はちぐはぐなものではなく、一貫していることが分かる。

家族、友人、地域の人間関係

人間関係に関する3さんのような態度は、他のデータも併せてみると、それほど珍しいものではないことが分かる。

若者の人間関係を家族、友人、地域に分けて、それぞれについて、家族との関係についての評価、友人関係についての評価（a．とても満足　b．やや満足　c．どちらとも言えない　d．やや不満　e．とても不満　の5段階）と地域活動への態度（活動している、活動していない）を見ていくと、**表3**のような結果を得ることができた。

全体の約8割の若者が、家族関係、友人関係ともに満足している

表3　家族、友人、地域における人間関係

	家族○ 友人○ 地域○	家族○ 友人× 地域○	家族× 友人○ 地域○	家族× 友人× 地域○
実数	10	0	1	0
%	24.4	0	2.4	0

という割合の高さには驚かされるが、それに比べ、地域活動に参加している若者は全体の3割弱にとどまっている。家族関係、友人関係ともによいが地域活動に参加していない若者は、全体の半分以上の56・1％になる。この結果からは、3さんのような人間関係のあり方が決して珍しいものではないことが分かるだろう。

つまり、**家族関係、友人関係が濃く、地域の人間関係が薄いというのは、地方の若者たちにとって決して例外的なことではなく、むしろ普通のことなのである**[19]。

モータライゼーションと人間関係

このことの背景には、モータライゼーションがある。前章では、それが1990年以降の日本の若者たちの余暇を快適にしたことを確認したのだが、それは同時に、地方の若者の人間関係にも影響を与えた。一言で言うと、それは「地域社会における人間関係からの解放」である。具体的に考えてみよう。

余暇を過ごす場所に関しては、前章で見た通り、買い物であっても娯楽であっても外食であっても「イオン的なところ」が多くを占めている。そこに家族や友人と車で行くならば、地域住民に会うことなく、目的地に着くことができるし、そこに行ってしまえば、匿名の存在になることができる。余暇において、若者は地域社会における人間関係から解放されたのである。

それでは、日常生活においてはどうか。生活をしていくためには、日々の生活が滞りなくおこなわれるよう、食料品や薬品、日常品等の生活必需品を購入する場所に行かなくてはならない。

そのことを考えてデータを見ると、**彼らの地元を語る言葉のなかに、決定的に欠けている単語があることに気づく。それは「商店街」という単語である。**商店街とは、かつて地域社会のコミュニティの中心にあった、地域社会における人間関係の核となる場所であった[20]。

「地元について良いと思う点」という質問があるのだが、1980年代までの日本であったならば、そこには町の象徴のひとつである「商店街」が登場していたことだろう。しかし、大半が90年代生まれの彼らの答えのなかには、「商店街」という単語は一回しか出てこなかった。29さんである。

「自分が住んでた周りは商店街でそこの人たちは元気で活気があった」

しかし、29さんは横浜市生まれ、つまり大都市圏の出身である。**地方出身者の「地元の良さ」に商店街が登場せず、大都市出身者の「地元の良さ」にのみ商店街が登場するということ自体、商店街が、モータライゼーションが完遂していない大都市圏にのみ残る「モータライゼーション以前」の遺物であることを物語っている。**

他の質問の答えを見ると、岡山県近郊の地元または地元の近くに住んでいる人にとって、「商店街」とは「ない場所」または「あっても行かない場所」と捉えられているようだった。

「田んぼと山。ど田舎じゃないけど田舎かな。商店街とかないです。買い物行くときは車ですね」（18、笠岡市、「住んでいる地域の様子」〈プロフィールの確認項目〉に対する回答）

「すごく住みやすいです。買い物も近くにスーパーが何個かあるし、普通に住みやすいし。

商店街とかはないけど、新婚さんとか新しく家を建てる人は結構そのへんに来てるんで、生活に必要なもんが揃っているぐらいの。街中でもないから、逆に住みやすいかなあと」（25、倉敷市、同）

「商店街は歩くことはないね。基本、移動が車だし。ずっと車。買い物もだいたい近くで」（31、笠岡市「普段の生活の範囲」〈プロフィールの確認項目〉に対する回答）

商店街の消失がもたらした地元の風景

かつて、商店街とは濃密な地域社会の人間関係を育む場所であるとともに、若者にとっては「よく分からないことを言ってくるよく分からない人」に満ち溢れた場所でもあった。様々な世代の「大人たち」が行き交うその場では、近所のおじいさんに何かにつけて延々と説教を食らったかもしれないし、噂好きのおばさんにつかまって長話を聞かされたかもしれないし、こわい魚屋のおじさんに怒鳴られたかもしれない。つまり、**商店街とは、若者にとって、地域社会における人間関係を学ぶ場所であるとともに、「よく分からない人」に出会わないと生活必需品を手に入れることができない「ノイズ」だらけの場所でもあった。**

だから、90年代以降の日本において、商店街が前近代の「遺物」として捉えられ、若者が「郊外」へ、「ショッピングモール」へと向かっていったことも理解できるだろう。**モータライゼーションとは、そうしたノイズに満ち溢れた人間関係からの解放でもあったのである。**

商店街のない地方はこうして、人間関係に関わるノイズの極めて少ない場所＝郊外へと変化した。若者が生活必需品を買うのは、スーパー（前ページの25さんの発言を参照）や小規模なショッピングセンター（18ページの45さんのケースを参照）、そしてコンビニとなった。(21) ショッピングモールと同じく、そこに行くのにも自動車が使われ（地方にはコンビニにも広い駐車場がある）、着いてしまったら、（大規模ショッピングモールほどではないにせよ）その人は匿名の存在となることができる。そんな生活環境のもとでは煩《わずら》わしい人間関係に悩まされることもないだろう。

その結果生まれた地元の風景とはどんなものだろうか。「地元について良いと思う点」という問いに対する回答で目立ったのが、地元の自然や名所に関するものであった。

「観光名所とか遊ぶ場所とか、昼間はあると思います。鷲羽山《わしゅうざん》とか瀬戸大橋とか美星町《びせいちょう》と

か。（美星町は）夜星が綺麗なんですよ」（7、倉敷市）
「自然が多いこと。夏祭りなどがあること」（8、玉野市）
「山がある。自然がいっぱいある。自然が好きだから。山が好きです」（9、岡山市）
「独自の街並みを残してて、癒されることです」（34、総社市）
「自然があって田舎っていうのもいい点です」（38、玉野市）

地方の若者の地元の風景にはもはや「商店街」はない。代わりにあるのはきれいに整備された道沿いに広がる自然の風景であり、観光用に開発された名所である。しかし、それらは大規模ショッピングモールやスーパーやコンビニと同様、モータライゼーションの生み出したものなのである。

地域社会における人間関係

地域社会での人間関係を担保していた商店街がなくなっても、現時点で若者が困ることはあまりないだろう。むしろそれは煩わしい人間関係のない分、彼らの幸福感を高めている。**彼らの現時点での生活の満足度にとって重要なのは、友人関係と家族関係のふたつの**

人間関係なのである。

「やりたい仕事をやりつつ、趣味にあてる時間もわりと充実していて、友人関係、家族関係ともに良好なので満足しています」（2、現状の満足度の総合評価「やや満足」の理由）
「まあ、それなりにお金もあるし、実家通いで楽してるし、友達とも仲良くしてもらえるし。満足しています」（18、現状の満足度の総合評価「やや満足」の理由）

しかしそれは、地域社会の濃密な人間関係がもっていた「社会の懐《ふところ》」をも消失させてしまった。そしてそれは、（現時点での生活満足度にはあまり影響しないが）**彼らの感じる将来に対する不透明感としてあらわれている。**それがもたらすのは、**人間関係について今は困らないがいつか困るかもしれないという不安感である。**

一部の若者に関しては、そうした不安は間近のものとして目の前にあるようだった。インタビューのなかで確認できたのは、若者にとってもっとも身近な人生の「不安材料」である「子育て」というライフイベントにおける不安であった。

倉敷市で子どもをひとり育てている43さんは、夫と3人で暮らしているのだが、家族の問題について、「ちゃんと育てられんのかなってこと」を不安に思っている。そして、日本についての悪いところとして、「子育て支援などもっと充実させてほしい」と言っている。

43さんは地域の活動には「興味がない」ため参加していないと言うが、地域の人間関係が構築されていれば、子育ての際、助けられることは多いだろう。たとえば、地域の子育て情報を交換したりとか、急用で出かけなくてはならないときや親の帰りの遅いときに子どもを見ていてもらったりもできるかもしれない（実際に私には子ども時代にこういった経験がある）。つまり**地域社会での人間関係の希薄さが彼女の子育てに対する不安感のひとつの要因となっていると考えられるのである**（だから一足飛びに「国からの支援」ということになる）。

しかし、若者のなかには、子育てをきっかけに地域の活動に参加していこうと思っている者もいた。「現在、何らかの地域の活動に関わっているか、今後、関わることに興味はあるか？」に対する答えを見てみると、そのことがよく分かる。

「地域の活動には今は関わっていないが、子どもができたら参加したい」（41）

「関わってないですね。子どもが大きくなればその地域の人や行事とかやらなくちゃならないとは思いますが。旦那は地域の運動会に出たいって言ってましたね」(36)

彼らは、もし子育てという状況に追い込まれなければ、地域の活動に参加することもないだろう。**ただ、それを必要とするような状況に置かれれば、積極的に地域での人間関係を構築したいという気持ちはもっている。**一部ではあるが、こういった声が若者のなかから発せられていることは注目すべきである。

新しい「開かれ方」の可能性

このことが示唆するのは、地方の若者は、あるライフイベントをきっかけに、地域社会の人間関係を築く可能性があるということである。幼少時から商店街などで地域社会の人間関係にもまれて育ったかつての若者とは異なり、郊外のノイズレスな人間関係を生きてきた彼らにとって、それは、かつて味わったことのない人間関係の「ノイズ」として経験されることになるだろう。しかし、そのことを彼らの自己責任だとすることはできない。なぜなら先に見たように、それはモータライゼーションという社会変動のもたらした必然的な人間関係の変容だからである。

　こうした若者たちがもし地域社会のなかに入っていくとすれば、彼らは入っていく先のことを知らないから、**おずおずと、自信なさげに入っていくことになるだろう（なかにはくじけて入っていけない若者もいるかもしれない）**。それはしんどいことではあるし、そのことが様々な問題を引き起こしていることも事実である。[22] しかし逆説的ではあるが、**だからこそ、彼らの地域社会に対する開かれ方には、新しい可能性があるとも言える。**私は、彼らのこうした姿勢に可能性を見出したいと思う。この点については、少し間を置いて、第5章以降の「未来篇」で見ていこう。

(19)　40ページでも見た大規模な全国調査（「東日本大震災からの復興に向けた総合的社会調査」）では、自然災害の際、「地縁」ではなく友人を頼りにする傾向が若い世代ほど強く見られることが明らかになった。

「今お住まいの地域で自然災害が起こったとき、あなたにとって頼りになると思うのは次のうちどれですか」という問いに対する回答は、**表②**の通りである。調査結果から分かることは、若い世代は、家族、親せきに対する信頼感は他世代と比較してもあまり変わらないが、**友人に関しては信頼感が高くなる傾向が、近所の人に関しては低くなる傾向があるということである。**

　そこで、「近所の人は頼りになる／頼りにならない」、「友人は頼りになる／頼りにならない」のふたつの変数でクロス表を作

表②

年齢	家族	親せき	友人	近所の人	総数（人）
20～29歳	88.2	47.9	**56.3**	**34.5**	119
30～39歳	91.4	48.0	**49.7**	**48.0**	175
40～49歳	88.3	41.3	**40.4**	**47.5**	223
50～59歳	87.1	45.5	**35.4**	**53.1**	209
60～69歳	90.6	46.2	**35.4**	**67.5**	277
70～79歳	87.3	46.9	**30.5**	**66.7**	213

（複数回答、単位は%）

表③

年齢	総数	近所の人は頼りになる	近所の人は頼りにならない
20-39	294 100.0	125 42.5	169 57.5
40-79	922 100.0	546 59.2	376 40.8
合計	1216 100.0	671 55.2	545 44.8

（上段は実数、下段は%、χ^2値は25.144、1%水準で有意）

表④

年齢	総数	友人は頼りになる	友人は頼りにならない
20-39	294 100.0	154 52.4	140 47.6
40-79	922 100.0	327 35.5	595 64.5
合計	1216 100.0	481 39.6	735 60.4

（上段は実数、下段は%、χ^2値は26.675、1%水準で有意）

り直すと**表③**、④の通りになった。近所の人に関しては信頼感が低く、友人に関しては信頼度が高いという傾向は、地方の若者たちに限らず、全国的に見られるものなのである。

ちなみにこうした傾向は、東日本大震災における実際の被災体験においても変わらなかった。同時期におこなった被災3県の調査においてたずねた「今回の震災で、あなたにとって頼りになった人や組織は次のうちどれですか」の答えは**表⑤**のようになった。全国調査と同様、家族、親せきなどの「血縁」に関しては他の世代とさほど差はないが、「地縁」（近所の人）に対する若い世代の信頼感は低く、友人に対する信頼感が高い傾向が見られた。

これも、「近所の人が頼りになった／頼りにならなかった」、「友人が頼りになった／頼りにならなかった」のふたつの変数で表を作り直すと**表⑥**、⑦の通りになった。被災3県では、実際の自然災害に際しても、若い世代は近所の人に関しては信頼感が低く、友人に関しては信頼度が高かったことが分かる。

(20) ただしその多くは（しばしば誤解されるように）伝統的なものではなく、近代になってからつくられたものであった。その背景には産業化による都市への人口流入によって生じた無秩序な状態を秩序づけようとする国家の思惑があった。その意味で「近代の発明」であると言えるだろう。詳しくは新（2012）を参照。

(21) もっとも身近なモータライゼーションの象徴が、24時間営業で生活必需品がほとんど揃うコンビニだろう。郊外住宅地である地元、岡山県総社市に住む19さんは、「将来実家ではなく、自分の家を新しく買いたいか」という問いに対して次のように答えている。

「家を建てれる財力があるかどうかだが、コンビニまで自転車で行けるとこに建てたい」

(22) ノイズレスな人間関係に慣れすぎて「打たれ弱い」と言われる最近の若者たちの陥る問題は、ニートやひきこもりの問題として、既に多くが語られている。この本が目指すのは、そのプラスの側面を明らかにすることである。

表⑤

年齢	家族	親せき	友人	近所の人	総数（人）
20～29歳	85.0	52.5	**70.0**	**30.0**	40
30～39歳	91.2	43.9	**57.9**	**28.1**	57
40～49歳	85.5	47.8	**55.1**	**44.9**	69
50～59歳	85.3	44.0	**34.7**	**38.7**	75
60～69歳	85.5	42.2	**43.4**	**50.6**	83
70～79歳	73.4	42.2	**28.1**	**46.9**	64

（複数回答、単位は％）

表⑥

年齢	総数	近所の人が頼りになった	近所の人が頼りにならなかった
20-39	97 100.0	28 28.9	69 71.1
40-79	291 100.0	132 45.4	159 54.6
合計	388 100.0	160 41.2	228 58.8

（上段は実数、下段は％、χ^2値は8.168、1％水準で有意）

表⑦

年齢	総数	友人が頼りになった	友人が頼りにならなかった
20-39	97 100.0	61 62.9	36 37.1
40-79	291 100.0	118 40.5	173 59.5
合計	388 100.0	179 46.1	209 53.9

（上段は実数、下段は％、χ^2値は14.606、1％水準で有意）

E　現在、何らかの地域の活動に関わっていますか。（「はい」と答えた場合、具体的にその内容について尋ねる。）
⇒今後、地域の活動に関わることに興味はありますか。（具体的にどのような活動？）

F　今生活している地域が好きか嫌いかと言われると、どう答えますか。
⇒理由は？　どの程度？
⇒（今住んでいる地域が地元ではない場合）地元と今住んでいる地域とでは、どちらにより愛着がありますか。
⇒その理由

G　（地元に住んでいる場合）地元に住み続けたいと思いますか。
⇒その理由
（地元に住んでいない場合）地元に戻りたいと思うことがありますか。
⇒その理由

H　地元について、良いと思う点を挙げてください。

I　地元について、悪いと思う点を挙げてください。

資料3　地域に関する質問項目

A　自分の生活している地域についての満足度の評価の理由を教えてください。

B　東京や大阪のような都会、岡山や広島のような地方都市、農村や山間部の田舎など、いろんな場所がありますが、あなたはどういう場所で暮らすのが一番理想ですか。
⇒その理由
⇒あなたの生活している地域は、理想的な場所だと言えますか。

C　今生活している地域には、他の地域よりも魅力的なところがあると思いますか？
⇒あるとしたら、どういう点ですか。／ないとしたら、どういう地域が魅力的ですか。

D　今生活している地域には、若者にとって魅力的な仕事があると思いますか。
⇒あるとしたら、どういう仕事ですか。／ないとしたら、どういう仕事が魅力的ですか。

（結婚している場合）結婚相手の方は、どのような方ですか。
⇒お相手の仕事や収入には満足していますか。

G　（結婚していない場合）
結婚したら、自分の親と同居したいですか。（⇒なぜ？）
相手の親と同居するということは考えられますか。（⇒なぜ？）

（結婚している場合）
どうして自分の親と同居している／していないのですか。
どうして相手の親と同居している／していないのですか。

H　将来、自分の親を介護しなくてはいけない状態になったとしたら、あなたはどうしますか。
（在宅で介護するか、施設で介護するか、他のきょうだいに任せるか）
⇒結婚している場合は、「相手の親を介護しなくてはいけない状態」についても尋ねる。

I　20年後の自分を現実的に予想してみて、どこの地域で、どんな仕事をして、どんな家族と生活していると思いますか。

資料4　家族に関する質問項目

A　家族関係についての評価の理由を教えてください。

B　家族の問題に関して、不安に思っていることはないですか。
⇒具体的に

C　親との関係は良いですか。
⇒考え方が合わないと思うことがありますか。

D　親世代と自分たちの世代を比べて、価値観に違いがあると感じることはありますか。
⇒具体的に

E　将来、あなたは、親世代よりも良い暮らしができると思いますか。あるいは、そうは思いませんか。⇒その理由

F　（結婚していない場合）将来の結婚相手は、どのような人であったらいいですか。
⇒どのような仕事の人であったらいいですか。
⇒相手にはどの程度の収入のレベルを求めますか。

第3章 若者と仕事
――単身プア／世帯ミドルの若者たち

本章では、地方の若者の仕事の問題を考えていきたい。

インタビューから見えてきた地方の若者の労働環境は極めて厳しいものであった。しかし、それでも彼らが何とかやっていけているのは、親の存在によるところが大きい。単身の収入では「プア」に分類されても世帯の単位で見ると「ミドル」に分類されるような若者は、いわゆる親の収入に寄生する「パラサイトシングル」であるが、彼らの将来の見通しは極めて暗い。しかし、なかには単に不安におののいているだけではなく現状打破を試みる若者もいた。本章では最終的に、そんな若者の「生き残り戦略」にスポットを当て、第2章と同じく、未来篇へとつなげていきたい。

表4　各満足度の点数の平均値

項目	学歴	仕事	家族	友人	余暇	地域	社会
満足度	2.8	2.6	3.3	3.5	2.7	2.9	1.6

本章で主に扱うインタビューは、「仕事」に関する質問グループに対する回答である。質問項目は**資料5**（81ページ）の通りである。

低い仕事の満足度

まず、調査した若者たちの仕事に対する満足度を確認しておこう。調査では、インタビューの前に、学歴（あるいは、これまで受けてきた学校教育）、今の仕事、家族との関係、友人関係、余暇の生活、生活している地域、日本社会についての満足度を聞いた。「とても満足」を5点、「やや満足」を4点、「どちらとも言えない」を3点、「やや不満」を2点、「とても不満」を1点とすると、**表4**のような結果が得られた。

仕事に関して見ると、社会に対する満足度の次に低い数値であることが分かる。しかし、他のデータも併せて見てみれば、この仕事の満足度の低さは驚くに値しないだろう。**彼らは収入が低く、未来の見通しも悲観的だからである。**

個人年収の中央値は、男女とも２００万～２４９万円であり、この調査で定義する「ミドルクラス」の水準である300万円以上の収入があるのは、専業主婦の1人を除く41人中、男性については8人、女性については4人のみであった。また、「収入に満足しているか」という問いに対しては、「満足している」と答えたのは41人中13人のみで、「満足していない」と答えたのはその2倍以上の28人にのぼった。そして、未来への見通しをはかる変数となる「仕事をしていくうえで焦りや不安があるか」という問いに対しては、41人中27人が「ある」と答え、「ない」と答えた14人の2倍弱の数となった。また、「親世代よりも良い暮らしができるかどうか」という問いに対しては、42人中、「できる」は8人、「同等程度」が7人、「思わない」は18人にのぼった[23]（「その他」は9人）。

職業について見ると、サービス業が15人ともっとも多く、専門・技術が7人、販売が6人、事務が4人、生産工程が4人と続く。産業について見ると、飲食店・宿泊業が9人、卸売小売業が6人、医療・福祉が6人、製造業が5人、教育・学習支援業が3人と続いた[24]。

戦後日本の安定した雇用を支えていた国内の製造業が空洞化し、非熟練の低賃金サービス労働者が増加、一部の専門的知識をもった労働者との賃金格差が開いていくという「ポスト工業化」の流れはしばしば指摘されることだが[25]、まさしくそういった状況が、このデータにもあらわれていると言えるだろう。

仕事での自己実現（メンタル面での下支え）

ただし、ポスト工業化の時代を生きる労働者は、かつての製造業に従事する労働者のようにモノが相手ではなく人が相手であるがゆえに、低賃金であるのとひきかえに仕事の「やりがい」をえやすいという特徴ももっている。若者のなかには、こうしたやりがいを頼りに、何とか心の平安をえようとしている者もいた。いわば、低賃金労働の「メンタル面での下支え」となるものである。

倉敷市に住む20代の介護職員、Zさんを紹介しよう。**彼は余暇そのものを充実させるのではなく、余暇を仕事の延長線上と捉えることで、仕事のきつさから来る余暇の不満を解消しようとしていた。**

Zさんは、余暇の生活の満足度を「どちらとも言えない」と答えている。その理由は、「休日をうまく満喫できていないと思うから」。「職場は不定休なんで、2日続けて休みになることはほとんどないんですよ。なので、時間を有効に使えていないのだと思います」とのことだった。明らかに仕事のきつさが余暇の満足度を引き下げていることが分かるだろう。(26)

2さんは余暇を「ひとりで過ごすことが多」い。よくある休日の過ごし方のパターンは「朝起きて、ご飯食べて、洗濯してぼーっとするかテレビを見るか昼寝をするかします。あとは、知り合いの子どもと遊ぶかします。そしてご飯食べて、風呂入ってスポーツニュース見て寝ます」というもので、車をもっていないので、外食をするにしても「焼き肉屋、ガスト、おふくろ亭あたり」で済ませ、服も「Ａｖａｉｌ」[27]という店では結構買います。ユニクロには基本行かない」とのことだった。

そんな彼のストレス解消法は、「仕事を振り返ること」である。それによって「すっきりするんですよ。気持ちが整理されて、失敗したことをもうしないように気をつけることができるんですよ」と言う。2さんは仕事にやりがいを見出しており、満足度も高い。

実際に全体のデータを見てみても、先に見たような収入の低さにもかかわらず、41人中35人が仕事に「やりがいがある」と答え、「やりがいがない」と答えたのは、わずか6人に過ぎなかった。

「低賃金労働のつらさをやりがいによってカバーしている」と聞くと、それは経営者によって都合よく使われているだけだと思う人もいるかもしれない。いわゆる「やりがいの搾取」と呼ばれる状況だが[28]、私はそれを若者自身のギリギリの生存戦略とも捉えている。低賃金で未来の見通しも暗いが、仕事の特質を生かしてわずかながらも「やりがい」を見出し、それを「生きがい」につなげていく。**彼らにとっては仕事の「やりがい」とは、１９９０年代以降の構造的不況による収入の激減という世代的な危機的状況を克服するために生まれた集団的な「生きる知恵」なのである。**(29)

パラサイトする若者たち（経済面での下支え）

若者たちの低賃金労働のきつさをメンタル面で支えているのが「やりがい」だとすると、それを金銭面で支えているのは親の存在だと言える。

若者たちの家族を含めた世帯年収を見てみると、中央値が４００万円台と、個人年収の中央値、２００万〜２４９万円を大幅に上回った。「単身独居者」17名の中央値は２００万〜２４９万円、「世帯形成者」８人の中央値は５００万円台であったが、特に注目すべきは、「世帯内単身者」16人の中央値が６００万円台と、もっとも高い数値が出たことである。

この調査結果からは、いわゆる「パラサイトシングル」と呼ばれている、裕福な親のもとに寄生（パラサイト）して裕福に暮らす独身の若者とは異なる若者の姿が浮かび上がっ

図３　若者の社会的位置づけの変化

1980年代 独身貴族	・長期化する未婚期 ・豊かな親の元で育つ若者の増加 ・豊富な正規雇用機会
1990年代 パラサイトシングル	・晩婚化の進行 ・若者の地域移動の鈍化 ・少子化を背景とする親元同居傾向
2000年代 社会的弱者	・若者の失業・不安定雇用 ・婚姻率の低下 ・離家できない若者の増加 ・結婚できない若者の増加

宮本みち子「若者の家族形成条件の弱体化」（2007年）より

てくる。彼らは豊かな暮らしが手放せないために親元から離れられないわけではない。端的に親と離れては生きていけないのだ。つまり、低賃金のもたらすディスアドバンテージを親との同居によってカバーしている状態にある。

　社会学者の宮本みち子は、ここ30年ほどで独身の若者の社会的な位置づけが変化してきていると論じている。１９８０年代、豊富な正規雇用機会にめぐまれていた彼らは「独身貴族」と呼ばれていた。90年代の「パラサイトシングル」という言葉は、この「独身貴族」のイメージを引きずっていた。しかし、２０００年代、若者の失業問題や不安定雇用の問題が表面化するにつれ、彼らは単に経済上の理由で家を離れられない「社会的弱者」へと転落してしまった（**図3**）。

こういった事情をふまえると、第2章で見た彼らの親との良好な関係性も、差し引いて考える必要があるだろう。**彼らは親との関係が良いから親と一緒にいるのではなく、親と一緒にいなくてはならないから親との関係が良いと思わざるをえないのかもしれない。**その意味で、地方の若者たちの良好な親子関係は、先に見た仕事のやりがいと同じく、「そう思わないとやっていけない」彼らの「生きる知恵」とも言える。

やりがいとパラサイトの向かう先

しかし、仕事のやりがいも親との快適なパラサイト生活も、持続性のあるものではない。仕事のやりがいなどいつまでもつか分からないし、親がいつまでも元気でいるとも限らないし、親との関係も永遠に良好であるとは限らないからだ。

仕事のやりがいと良好な親子関係の終焉は、ともに大きな社会不安をもたらすだろう。私は以前、『働きすぎる若者たち』という本のなかで、やりがいのある介護の仕事にのめり込んだ末にバーンアウトしたケアワーカーたちを扱ったが、彼らの向かう先には利用者への虐待の問題があった[30]。

また、同書で扱った不安定雇用に甘んじるパラサイトシングルたちの向かう先には、年老いた親の資産目当てに彼らを施設に入れず、家での介護役割も放棄する「モンスターシングル」の問題があった。離家規範（成人になって育った家から離れ、新しく家族をつくるという規範）の弱い日本だと、こうした若者の問題は数が少ないとなかなか顕在化しづらいだろうが、数が増えれば、大きな社会不安につながることは間違いない[31]。

つまり、仕事のやりがいも快適なパラサイト生活も恒久的に続くものではなく、それはいつか、悲劇的なかたちで終わりが訪れるものかもしれないのである。そのことが、68ページでも見た、将来に対する彼らの悲観的な見通しにもつながっているのだろう。

現状打破を試みる若者たち

しかし、すべての若者が「よりよい生活」をあきらめて、真綿で首を絞められるような生活に甘んじているわけではない。なかには、不安定な未来を跳ね返すべく、現状打破のキャリア戦略を練る若者もいた。

46さんは新見市在住の20代の男性なのだが、彼は、現在の仕事の収入に対して不満をもっている。そこで、その状態を打開すべく何とか新しい仕事をはじめられないか、策を練っている最中である。

「今の仕事は給料が低いですが、目標をしっかりともっていればもっといい仕事につけると思います。今、サービス関係の仕事で、友だちと起業できないかって考えています」

新たなビジネスチャンスを探る彼は、Uターンしてきた学生時代の友人などとも積極的に仲良くし、コネクションをつくろうと努力している。そしてその先に、現状を打開する新しい仕事を探している。地元で地道に働きつつ、収入をアップするチャンスをうかがっているのである。これは、地元にこもって昔からの地元仲間たちだけとつるんでいる旧来のヤンキー的な感性とは対照的なものである。

46さんのケースから分かることは、地方にこもる若者たちは、単に不安におののいているだけではないということである。自分たちのなかだけに閉じこもる同質的な集団のあり方が、今の時代を生き抜くうえであまり有効ではないことは、彼自身がよく分かっている（その証拠に、彼のネットワークのなかには仕事に関して「おいしい話」など転がっていない）。

そして、現場ではその弱さを克服するために何らかの対処が試みられているのである[32]（だからこそ、彼は「外」とのつながりを大事にするのである）。

この本の後半の未来篇で明らかにしたいのは、そうした彼らの「姿勢」である。そこでは、「こもりつつ開ける」という彼らの新しい集団の可能性が示される。しかし、彼らの未来について考える前に、われわれは彼らの歴史を知らなくてはならない。

(23) こうした悲観論は、地方の若者だけに見られるものではなく、日本全体を覆う「空気」でもある。40ページでも見た2012年におこなった大規模な全国調査（「東日本大震災からの復興に向けた総合的社会調査」）では、「10年後の日本社会は、今と比べて全般的に良くなっていると思いますか、それとも悪くなっていると思いますか」という問いに対する年齢別の回答は、**表⑧**の通りになった。ここから分かることは、若い世代に限らず、日本社会に対する悲観的な見方は、全世代的に広がっているということである。

(24) ここで示されている収入と職業に関するデータは、轡田竜蔵氏と共同でおこなっている社会調査実習の際、一次データをもとに轡田氏がまとめたものを使用した。

(25) 社会学者のエスピン＝アンデルセンは、その名も『ポスト工業経済の社会的基礎』というタイトルの本のなかで、「ポスト工業化論の楽観主義者たちが描く高度専門化のシナリオは、大量の人々を排除することと引き替えにしてしか達成されない。他方、大規模なサービス経済の成長はおそらく大量の『惨めで最低の（lousy）』職を創り出すことになるだろう」（アンデルセン2000：160）と述べている。

表⑧

年齢	総数（人）	良くなっている	現状と同じ	悪くなっている
20〜29歳	118	19.5	33.1	47.5
30〜39歳	175	19.4	34.3	46.3
40〜49歳	222	27.5	25.2	47.3
50〜59歳	208	18.8	27.4	53.8
60〜69歳	276	17.0	30.4	52.5
70〜79歳	211	22.7	28.4	48.8
合計	1210	20.8	29.4	49.8

（単位は％）

(26)「休日は十分とれているか」という問いに対して、「休日は十分とれている」と答えたのは23人、「とれていない」と答えたのは19人であった。「とれている」と答えた人たちの余暇の満足度の平均は4・17点で「とれていない」と答えた人たちの3・11点に比べて高かった。

(27)21ページでも登場した株式会社しまむらの子会社で（1996年に設立）、若年層をターゲットにしたカジュアルファッションを提供している。倉敷市内に5店舗（ファッションモールを含む）を展開している。低価格路線で拡大中。

(28)教育社会学者の本田由紀が論文「自己実現という罠〈やりがい〉の搾取——拡大する新たな『働きすぎ』」（『世界』2007年3月号）で唱えた概念。若者の自己実現的な「働きすぎ」をつくり出すことによって企業が利益を得ることを指している。そのなかで、私の提起した「自己実現系ワーカホリック」という概念、およびバイク便ライダーやケアワーカーに関する研究が紹介された。

(29)2008年にNPO法人POSSEが東京で18歳から34歳の既卒労働者を対象におこなった調査（街頭対面型アンケート調査「若者の雇用状況調査」）によると、正社員の4割を占める周辺的正社員（定期昇給と賞与のない正社員のこと）は、中心的正社員（定期昇給と賞与のある正社員のこと）よりも長時間働いているにもかかわらず、中心的正社員よりも低収入であることが分かった。興味深いのは、こうした周辺的正社員は、仕事のやりがいを「とても感じる」と答えている人の割合が中心的正社員よりも高いことである。労働条件の悪さを「やりがい」によってカバーしている若年労働者の状況が垣間見える調査結果である（報告書である「08年度POSSE若者の『仕事』アンケート調査の概要

〜『やりがい』と違法状態のはざまで〜」は、POSSEのホームページで閲覧可能)。

(30) 阿部(2007)では、冒頭で、利用者への虐待が発覚し、「裏切ってごめんなさい」と書かれた置き手紙を残して辞職した介護職員の職場を紹介している。そこでは、職員と利用者の距離が近く、プライバシーを守るために当時は理想とされた「ユニットケア」と呼ばれる個室での介護がおこなわれていたが、その裏にあったのは職員の過重な労働とそれによるストレスであった。

(31) 阿部(2007)では、パラサイトシングルが親の資産を食いつぶす「モンスター」となるであろう未来について、次のように述べた。

現在、彼ら「パラサイトシングル」を親元にとどめておけるのは、親の経済力の高さが大きな要因となっているのだが、これから親子ともに高齢化が進むと、本来ならば老後に備えて蓄財しなくてはならない親の財産を子どもが食い尽くしてしまいかねない。そこで起こるのは、親に介護サービスを受けさせず、自分の手元に置いておこうとする子どもたちの、最悪の場合、「遺棄」になりかねないような介護であろう。ここまでくると、パラサイトシングルの親子のイメージは微笑ましい「友達親子」の姿などではなく「地獄絵図」に限りなく近づいていく。

団塊ジュニア世代に、今後、団塊世代の親を介護しきる経済力などないことははっきりしているが、だからといって、彼らが親の介護を手放し、その結果、介護の社会化が進むかというとそういうわけではない。パラサイトシングル状態の親子が、その共依存的な体質のままで高齢化を迎えると、親の財産を残すために子どもが干渉する可能性もある。それこそ「地獄絵図」な「友達親子」のなれの果ての姿であろう。

(阿部2007:174-175)

この本を書いたのは2007年のことだから、それから6年あまりの月日が経つが、その間に団塊ジュニア世代の労働条件が改善したとは考えにくい。つまり、この「地獄絵図」はいよいよ身近なものになりつつある。

(32) 地方で介護施設をまわっているとしばしば気づかされるのが、理学療法士などの専門職の地域間移動の頻繁さである。それを可能にしているのは業界内での情報共有で、そのベースにある共同体は地元の人間関係（地縁）を超えたところで形成されている。これは、「職縁」で構成される「新しい公共」と呼ぶことができるだろう。

I　今の職場の経営状態について不安はないですか。

J　今の職場で、昇給や昇進は見込めますか。

K　今、仕事のうえで具体的な目標をもっていますか。⇒どんな？

L　定年まで、今の職場で働きたいと思っていますか。⇒その理由

M　転職したいと思うことはありますか。
⇒どんな仕事に転職したいのですか。／どうして転職したくないのですか。
⇒具体的な計画があれば、教えてください。

N　（女性の場合）結婚・出産を経ても、自分は仕事を続けたいと思いますか。
（男性の場合）結婚・出産を経ても、結婚相手となる女性には仕事を続けてほしいと思いますか。

＊専業主婦の場合（A－2として）
・どうして仕事をしていないのですか。仕事をするつもりはないのですか。
・これから、仕事をやろうと思っていますか。あるいはそのつもりはありませんか。（具体的な計画があれば、教えてください）

資料5　仕事に関する質問項目

A　今の仕事に対する満足度の評価の理由を教えてください。

B　今の収入には、満足していますか。
⇒（満足していない場合）どのくらいの収入があれば満足ですか。

C　今の仕事には、やりがいがありますか。（具体的にどういう点が？）

D　仕事がきついと感じるときは多いですか。
（具体的に聞く……身体的にはどうですか。／精神的にはどうですか。）

E　今の職場の人間関係について、不満に思うことはありませんか。
（具体的に）

F　今の仕事を選んだ理由は、何ですか。

G　「××（職場の地域名）」で仕事することになったのは、なぜですか。
⇒都会で働くことに、興味はありませんでしたか。

H　仕事に関して、将来に向けて、焦ったり不安に思ったりすることはないですか。
（具体的に）

現在篇のまとめ

第1章　若者と余暇

1　1990年代以降のモータライゼーションが生み出した、イオンモールに代表される大型ショッピングモール等が立ち並ぶ郊外は、地方の若者にとって「ほどほどの楽しみ」を与えてくれるものであり、彼らの余暇の満足度を高めている。

2　地方都市の「ちょうどよい」感じは、余暇のまったく楽しめない田舎とも刺激的すぎる大都市とも異なる、地方都市独自の魅力につながっている。今の若者にとって、そこは理想的な生活の場である。

第2章　若者と人間関係

3　モータライゼーションのもたらしたもうひとつの変化である、家族と同世代の仲間だけで構成される、地域社会における煩わしい人間関係を排除したノイズレスな人間関係は、若者にとっての地方都市の魅力を高めている。

4　若者たちの地域社会における人間関係は希薄で、それは彼らの漠然とした不安感の一因となりうるが、子育てなどのライフイベントをきっかけとして、新たに地域社会にコミットしていく可能性はある。

第3章　若者と仕事

5　地方の若者たちの仕事に対する満足度は、友人関係や家族関係に対する満足度に比べて著しく低くなった。その背景には、1990年代以降の構造的不況のもたらしている労働条件の悪さがある。

6　若者の多くは仕事に対する満足度の低さを仕事のやりがい（精神面）や親との同居（金銭面）によってカバーしているが、それらは永続するものではない。ただし、なかには現状打破のためのキャリア戦略を練る者もいる。

ノスタルジーとしてのショッピングモール

カナダ人の女性シンガーソングライター、アヴリル・ラヴィーンのデビュー曲である「Complicated」（2002年）のPV（プロモーションビデオ）を見ていると、それがどの国を舞台としているか、分からなくなってくる。その風景はカナダでもいいしアメリカでもいい。日本でもいいしアジアやヨーロッパのどこか他の国であってもいい。そのくらいどこにでもある風景で、このPVは構成されている。

その風景とは、巨大なショッピングモールの風景である。ショッピングモールのなかでアヴリルは友人たち（バンド仲間）と騒ぎまくる。洋服店で思い思いの服を試着したり、スポーツ用品店でバスケをしたり、エスカレーターで追いかけっこをしたりと、どこにでもあるような典型的なショッピングモールのなかを、彼らは所狭しと動き回る。そのシーンと駐車場らしき屋外でバンドが曲を演奏するシーンが交互に流れつつ、PVは進んでいく。

興味深いのは、この曲の歌詞である。この曲は、昔から付き合っている彼氏が、見知らぬ多くの他人（everyone else）に囲まれる「大人の世界」に染まっていくなかで、アヴリルが「いつまでも昔のままの素直なあなたでいて（物事を複雑に〔complicatedに〕考えないで）」と訴えかけるラブソングである。この歌詞をふまえると、「昔のままの素直な自分」でいられる場所として、ショッピングモールが選ばれていることが分かる。つまり、ショッピングモールとは、彼女（とこのPVの制作者）にとって、若き日々を気の合う仲間たちと過ごした懐かしい場所であり、それに対してノスタルジックな眼差しが向けられているのである。

この感覚は、ショッピングモール世代の日本の若者たちにも理解可能なものだろう。彼らにとっても「Complicated」に出てくるような郊外の「ファスト風土」（三浦展《あつし》）の風景は懐かしく、自分たちの青春時代を象徴するものである。私が講義で「地元と聞いて思い出すものは何ですか？」というアンケートをとったとき、学生からは「イオン」や「ミスド（ミスタードーナッツ）」、「マック」、「ロイホ（ロイヤルホスト）」といった答えが多く飛び出した。人は、それが何であったとしても、生まれたときから慣れ親しんだものにノスタルジーを抱くものである。実際、学生たちにこのPVを見せると、とても好意的な反応が返ってきた。逆に、『ALWAYS　三丁目の夕日』（山崎貴監督）を見て昭和の商店街をノスタルジックに思う感覚のほうが、彼らにとっては理解できないものかもしれない。

学生たちとアヴリル・ラヴィーンのPVを見ていると、『アメリカン・グラフィティ』（145ページ注36を参照）の時代からずいぶん遠い場所まで来たと思わされる。もはやアメリカの地方の郊外の風景は、彼らにとって憧れの対象ではない。それは、当たり前のように、生まれたときから自分を取り囲んでいたものである。だから、アヴリル・ラヴィーンも、外国から来たスターではなく、親近感のある「近所のお姉ちゃん」的なイメージで売り出されたのだろう。

若者の「地元志向」が強まっていると言うとき、彼らの思い描く「地元」の姿は、旧来の「地元」の姿とまったく違うものになっていることに注意しなくてはならない。彼らがノスタルジーを感じる「地元」とは、モータライゼーション以降の「ファスト風土」、ショッピングモールやマクドナルドの風景なのである（そこは、自分たちの文化を脅かす「大人」がいない、若者たちのパラダイスである）。そして、そんな郊外の姿に若者たちはノスタルジックな気持ちすら抱きはじめている。「地元志向」の問題点について考えるとき、われわれはまず、この前提からはじめなくてはならない。

荒廃する郊外

アヴリル・ラヴィーンが郊外の「光」を歌う存在であるとすれば、デビュー当時からパンクのアティチュードを崩さないバンド、グリーン・デイは、郊外の「影」を歌い続ける存在である。

その名も「Jesus of Suburbia」（郊外のジーザス）というタイトルの曲（２００５年）がある。このＰＶもアヴリル・ラヴィーンの「Complicated」と同じく、コンビニとショッピングモールが立ち並ぶ、どこにでもある郊外を舞台としている。しかし、その描かれ方は真逆で、そこは、ドラッグ、アルコール、暴力が渦巻く「City of the dead」（死者の街）である。この曲の主人公、ジミーもご多分にもれず、そんな堕落した若者たちの一員なのだが、彼がこうした人生に疑問を抱きはじめ、最後にこの街を出るというのが、このPVのストーリーである。

　興味深いのは、ジミーと母親との関係の描かれ方である。ジミーは母子家庭で、母親は若者たちと同じような乱れた生活を送っている。PVの前半、クラブで泥酔した母親をジミーが介抱して家に帰った日の翌朝、ふたりが言い争いをするシーンがある。母親が「私は負け犬なの。だからその息子であるあなたも負け犬だ（I'm the loser? That makes you the son of a loser.）」と言うと、ジミーは朝食のプレートを母親の顔をめがけて投げつける。そして家を出ていく。

　つまり、ジミーのまわりには、母親も含め、誰も彼のおこないを諫《いさ》めてくれる人はいない。トイレに落書きをしようが、駐車場で喧嘩《けんか》をしようが、ドラッグに手を出そうが、誰も彼にかまってはくれない（トイレの落書きに関しては、定期的に清掃業者が来て、ペンキを塗り直すだけのことである）。この街では、汚れた顔のみなしごたち（Lost children with dirty faces）のことなど、誰も本気で気にかけてはいないのである（No one really seems to care)。それは、１９８８年の日本映画『So What』（32ページを参照）の主人公であるヒロシが、家族に自分の将来を心配されすぎ、うっとうしがっていたのとは対照的である。ジミーは「あんたたちが気にかけないなら僕も気にしない(I don't care if you don't care)」と言い、ＰＶの中盤から後半にかけて、自暴自棄になっていく。そうするなかで、自分の人生について考えはじめるのである。

　そして、ＰＶの最後、ジミーは母親を置いて故郷の街を去っていく。『So What』の主人公、ヒロシも最後は故郷を去った。しかし、何から逃げたのかという点に関して、両者の間には大きな隔たりがある。ヒロシは地域社会のしがらみ＝「地縁」から逃れ、東京に自由を求めたが、ジミーには逃れるべきものなどない。何もない場所から、自分が信じられるものを見つけに、旅立つのである。それは、自分を束縛するものからの自由ではなく、むしろ、本当に自由になるための不自由を求めるための旅でもある。だから、最後、「僕は逃げる。マゾヒストたちのもとへ(I run away to the lights of masochist)」ということになる。

「若者たちのパラダイス」とは、裏を返せば、このような、モラルの崩壊したアノミー（無秩序）状態の広がる、荒廃した街の姿でもある。商店街が、国の隅から隅まで国民の面倒をみる福祉国家の象徴であったとすれば、商店街を滅ぼしたショッピングモールは、国民の面倒をみない新自由主義の象徴である。グリーン・デイのこの曲は、まさしくモータライゼーションのもたらした「自由」にどう対峙していくべきか、われわれひとりひとりに突き付けるものと言えるだろう。

アヴリルの歌う「懐かしい郊外」もグリーン・デイの歌う「反吐《へど》の出る郊外」も、モータライゼーションのもたらした同じ郊外である。われわれはその両方をしっかりと見据えつつ、郊外の未来への想像力を養っていかなくてはならない。

歴史篇

Jポップを通して見る若者の変容

歴史篇では、Jポップを通して若者の「自分らしさ」のつくられ方の変容を追うことで、近年、「地元」というものがいかにして彼らの「自分らしさ」を構成する重要な要素となるに至ったかを明らかにする。1980年代の「反発の時代」（代表的なアーティストとしてBOØWYを扱う）、90年代の「努力と関係性の時代」（B'z、Mr.Childrenを扱う）を経て、2000年代、地元は若者文化の中心に躍り出た（KICK THE CAN CREWを扱う）。その歴史は社会の変化に対する若者たちの格闘の歴史でもある。

なぜ現在の若者のことを考える際に彼らの歴史を見ていく必要があるのか。その理由は、**歴史を紐解くことでしか、前半の現在篇で見てきた、地方にこもる若者たちを解き放つヒントを得ることはできないためである。**歴史を知れば、90年代的なガツガツした自己実現を若者に期待することは、00年代を経た10年代においては的外れなものであることが分かるだろう。歴史篇は、後に続く未来篇で彼らの未来を正しく予測するための準備である。

第4章

地元が若者に愛されるまで

1. 80年代　反発の時代　BOØWY

1980年代のJポップ[33]は、大人の世界を若者の立場から批判することで若者の支持を広げてきた。80年代の日本を代表するロックバンドであるBOØWYはその象徴である。彼らの特徴は、単なる企業社会の批判にとどまらない射程の長さにあり、だからこそ、彼らは巨大なポピュラリティを得ることに成功した。

ＢＯØＷＹの音楽は、群馬県高崎市出身であるという彼ら自身の出自が物語っている通り、地方に生きる不良少年、いわゆる「ヤンキー」たちのバイブルであった。成長した彼らは、今でもなおフロントマン氷室《ひむろ》京介やギタリスト布袋《ほてい》寅泰《ともやす》のライブに足しげく通い、巨大なマーケットを形成している[34]。ＢＯØＷＹの何が彼らをそれほど夢中にさせたのか。

結論を先取りすると、それは「日常を生きさせる力」であった。氷室京介のスタンスを一言で言うと、**「自分らしく生きることによって退屈な世の中をやり過ごすこと」である。自分らしさは社会への反発から生まれ、その中身は「夢のために」でも「音楽のために」でもいい。そしてそれは、愛する女性からの承認＝母性による承認によって安定的なものとされた**。反発することによってつくられる自分らしさを糧《かて》につまらない世の中を生き抜くことを説く。氷室や布袋は、このようにして、地方のヤンキーたちのカリスマとなりえたのである。

そんなＢＯØＷＹの歌う若者にとっての地元とは退屈な日常を象徴するものであり、決して魅力的なものではなかった。しかしだからこそ、彼らはそれをやり過ごすために自分らしさという「武器」を開発したのである。地元が（ＢＯØＷＹ的な意味での）自分らしさを必要としない「若者たちのパラダイス」となるのは、郊外のモータライゼーションが完遂する90年代を経由した2000年代を待たなくてはならない。

何はともあれ、まずは80年代のJポップを代表するバンドとして、BOØWYの音楽を見ていこう。

Dear Algernon

最初に、BOØWYの曲ではなく、BOØWYの解散直後の88年に発表された氷室京介のソロデビューアルバム『Flowers for Algernon』(このアルバム以降、氷室はアルバムの大半の曲の作詞を他の作詞家に任せるようになり、自身は作曲に徹することになる。そのため、このアルバムは実質的に氷室が作詞を担当した最後のアルバムである)からのシングル曲、**「Dear Algernon」**(作詞・作曲:氷室京介)を見ていこう。この曲には、BOØWYのほとんどの曲の作詞を手がけている氷室京介の世界観がもっともよくあらわれている。この曲を理解してからBOØWYの楽曲を見ていくと、彼らの魅力がよりクリアに分かる。

「Dear Algernon」から見えてくる氷室の世界観は大きく次の三つである。

①夢は見るものであり叶えるものではない。

②夢を見ることで退屈な日常を生きられる。
③夢を見ている自分を愛してくれる人がいる。

順に見ていこう。まず、この曲で歌われている夢とは、「I wanna **feel** my dreams」、「もう少し夢を**見ていたい**だけ」というフレーズからも分かるように、あくまで感じたり、見ていたりするものである。実現するために努力すべきだとか、具体的に何をするべきだとかは歌われず、ひたすら「見ていたい」、「感じていたい」とだけ歌われる。この曲においては、夢は決して叶えるものではないのである。

しかし、そうすることによって、人は永遠に夢を見続けることができ、それを糧に日常を生きることができる。この曲のなかで歌われる日常とは、「ザラ付いた心」に支配され、「蔑《さげす》みと哀れみに縛られた夜」の続く「見せかけの今日達《きょうたち》」である。決して幸福な日常ではない。そんな日常に対しては「ヒビ割れたアスファルトの上に苛立ちを／吐き捨てる」ことで反発するしかないのだが、そのなかの唯一の希望こそ、ひとりで夢を見続け、感じ続け、自分らしくいることなのである。

ただし、そんな男性像が成り立つのは、最終的には「I wanna feel my love」、「こうしていつも愛を感じていたいだけ」と歌われることからも分かるように、その生き方をひとりの愛する女性によって承認されているからでもある。「ザラ付いた心に触るんじゃない」、「ただのクズでいいぜ」と強がりつつも、そんな自分を愛してくれる女性がいることは前提となっているのである。曲のなかで夢とともに「優しさ」、「温《ぬく》もり」についても歌われていることが重要な点である。

まとめると、**この曲は「社会への反発＋母性による承認」というふたつの要素から成り立っている**。そこには、「辛い世の中を夢を見ることを糧に生きる男性と彼を愛する女性」という、一昔前のハードボイルド小説のような構図が見て取れるだろう。

先にこの曲が氷室の世界観をもっともよくあらわしていると言ったのは、BOØWYの音楽もまさしくこのふたつの要素で成り立っているからである。つまり、BOØWYの楽曲群は、「Dear Algernon」にあらわれる、①社会への反発、②母性による承認というふたつの要素によって世界観が構成されている。順に見ていこう。

社会への反発

BOØWYの82年のファーストアルバム『MORAL』は、「氷室京介」が「氷室狂介」

と表記されていることからも分かる通り、極めて粗暴でパンキッシュなアルバムであった。このアルバムでは分かりやすく「社会への反発」が前面に押し出されている。

たとえば「SCHOOL OUT」では、「何から何まで処分でかたずける」教師のことを、「大きな顔して説教しても／2月の終わりに　ふるえる奴等」と罵倒しているし、「ガキをつくって長生きしたけりゃ　ドアのカギ閉めて眠れよ」と警句を発する「**WATCH YOUR BOY**」（作詞：深沢和明、作曲：布袋寅泰）では、「生まれた時から　OH　ダディー　OH　マミー／オリに閉じ込め　エサだけ与える……／そいつが効をそうして　今じゃペットと同じさ／まるで犬を飼うように　自分達の好きにあやつる」と自分を育てたエゴイスティックな親のことを批判している。「**GUERRILLA**」（作詞：BOØWY、作曲：布袋寅泰）では「頭使った覚えはないのさ／悩む事などありはしないのサ」、「昼までもたせりゃ後は五時まで起きているよな　いないよな」と疲れきったサラリーマンの味気ない生活を嘲笑しているし、「**RATS**」（作詞・作曲：氷室狂介）では「何も無い時だけ　いつも笑顔でつき合う／馴れ合い　うわべの仲間」と彼らの表層的な人間関係を批判している。

極めつきは「**ELITE**」（作詞・作曲：氷室狂介）という曲である。住宅ローンを組んで子どもを育てて終身雇用の正社員として生きる。この曲で揶揄《やゆ》されているのは、「エリート」というわりにはどこにでもいる一般的なサラリーマンの姿なのだが、彼らまでもが競争に明け暮れる利己的で（「スキがあれば足を引っぱって／苦しむ顔も見たくてウズウズ」）偽善的な存在（「そのくせ決まった顔で道徳を気取りやがって」）として描かれる。

このように、BOØWYの楽曲のなかで批判の対象とされるのは、学校や家族、企業といった近代的なシステムであった。そういったシステムが自分を飲み込んでしまうことを恐れ、それに抵抗することが、氷室にとっての反発であった。

自分らしさ

ファーストアルバムの『MORAL』の大半の曲は、BOØWYの第一の要素、「社会への反発」を前面に押し出したものであった。そこでは教師や親、会社員たちが批判されていたわけだが、彼らを批判する自分たちと彼らとの違いはどこにあるのだろうか。その答えである「奴ら」と「俺たち」の対比を歌った曲が、同じく『MORAL』に収録されている「**MASS AGE**」（作詞：氷室狂介、作曲：布袋寅泰）という楽曲である。

この曲では、「レールにはまって走る」「熱くなる事も知らねェ奴」は「たいした事も出

来ねェくせに　気取った奴ら」で、そんな奴らは放っておこう。自分たちは「お前らと一緒に騒ぎたいだけ」で、「理屈じゃねェさ　その時間だけが　おもしろかったら／それでいいだろ」と歌われている。つまり、**人生設計に追われる冷徹な「奴ら」に対し、感情の赴くままに、刹那的に生きる「俺ら」が対置されているのである。**これが「奴ら」と「俺ら」の違いである。

そしてそれが〈自分らしさ〉であるとはっきりと宣言したのが、『MORAL』の最後から2番目の曲、**「ON MY BEAT」**（作詞：氷室狂介、作曲：布袋寅泰）であった。BOØWYの曲のなかでも特に人気の高いこの曲でも、「MASS AGE」と同じく、計算せず、形にこだわらず、自分を守らず、体裁を飾らず、自分勝手に生きていくことが、望ましい〈自分らしさ〉として提示されている。

これらの曲から分かるのは、自分らしさを表現する際に、BOØWYの曲では「○○である」という言い方ではなく「○○でない」、「○○とは違う」という言い方が多用されているということである。つまり、**BOØWYの楽曲で歌われる自分らしさとは、何らかの充実した中身がそこにあるわけではなく（あるとしても大して重要ではなく）、自分らしさを抑圧するものに背を向けること自体にあると言える。**

たとえば最初に見た「Dear Algernon」であれば「夢を見ること」、先に見た「MASS AGE」であれば「ライブで騒ぐこと」が「自分らしさ」の中身であるのだが、曲のなかでは、夢のことやライブのことが具体的に語られるわけではなく、それを妨げようとするものからいかにして逃れるかということに力点が置かれている。つまり、**BOØWYの楽曲においては、自分らしくいるためには「逃げる」ことこそがもっとも重要な課題だったのである。**

そしてそのテーマを、BOØWYは最後まで捨てなかった。87年のラストアルバム『PSYCHOPATH』に収録された「**PLASTIC BOMB**」（作詞：氷室京介、作曲：布袋寅泰）は、逃げるためのスピードに特化したような曲である。

この曲が想起するのは「この街」のなかで自分らしくいるためのスピードである。「この街を駆けぬけろ」、「この時をブチやぶれ」、「Do it again」と、実際に何をするかはまったく不明ではあるが、とにかく〈ここから逃げること〉が至上命題とされている。〈ここから逃げること〉は、80年代の若者文化において、特に重視されたモティーフであった。当時大ヒットした上條淳士のバンド漫画、『TO-Y』（1985年から1987年まで『週刊少年サンデー』にて連載）でも、若者たちのカリスマである主人公のアーティスト、

図4　「逃げる」は80年代の重要なモティーフ

©上條淳士『TO-Y』小学館

藤井冬威が警察や教師、レコード会社の社員などの「大人たち」から逃げるシーンがしばしば登場し、印象的に描かれている[35]（**図4**）。

しかし、氷室は実際に逃げてしまったりはしなかった。彼はあくまで「逃げるふり」に留まった。それは若者たちの現状を見据えた氷室の絶妙なバランス感覚であった。86年のアルバム『BEAT EMOTION』に収録された「**DOWN TOWN SHUFFLE**」（作詞：氷室京介、作曲：布袋寅泰）は、そんな氷室のスタンスを如実に示す曲である。

ここで歌われる人々も、前半は、働きすぎのサラリーマンなどに代表されるおなじみの「汚れた大人の世界」の住人である。しかし、後半に注目すると少し趣を異にする。「その日暮らし」で「気ままにはしゃぎ回っている」ジョニーは「胸をさされ」、「笑えない」状況になってしまうのだ。

ここまで見てきたBOØWYの楽曲の世界観をふまえれば、気ままにその日暮らしをするジョニーの生き方は肯定されるべきものと思われるだろう。しかしジョニーは殺されてしまう。そして、その横で「俺」は「シラケちまい」、「そんなヤツらを笑ってくらした」のである。

ここに氷室の氷室たる所以《ゆえん》がある。「逃げろ」と言いつつも、最後まで逃げ切ることなく、逃げるふりをしつつ、または頭のなかでだけ逃げる、つまり夢を見ながらここで生きていく。それが氷室の提示する自分らしく生きることなのである。

「ここから逃げろ」と言いつつ「ここに留まれ」と言う。その両義性がBOØWYの楽曲の最大の魅力である。それは当時、何とか地元で生きていかなくてはならなかった地方の若者にとって極めて現実的な答えであり、自分たちのリアリティに寄り添ったものであった。**氷室にとって、逃げたり反発したりして得られる「自分らしさ」とは、つまらない世の中を破壊するためではなく、やり過ごすために必要とされるものだったのである。**

母性による承認

しかし、実際に逃げずここに留まることには、そこで生きていかなくてはならないからという消極的な理由だけでない、積極的な理由もあった。それが愛する女性の存在である。BOØWYの楽曲のもうひとつの特徴は、退屈な世の中をやり過ごす男性に承認を与える女性の存在である。『PSYCHOPATH』に収録された「**longer than forever**」(作詞:氷室京介、作曲:布袋寅泰)は、それを象徴するような楽曲である。

大人たちに反発した10代の非行期を終え、ずっと自分を待っていてくれた女性と結婚して家庭を築いていく。そんなかつての地方の若者たちの「卒業」の決意を歌ったこの曲のなかでは、いつもなら厳しく糾弾される大人たちの「嘘」にも目がつぶられ、ひたすら自分を愛してくれる女性への感謝の気持ちが歌われている。

非行からの卒業を経て結婚へという流れは、80年代の地方の若者たちにとって、理想的な「大人のなり方」とされた。広島在住の漫画家、田中宏が10代で連載をはじめ、大ヒットしたヤンキー漫画、『BADBOYS』(1988年から1996年まで『ヤングキング』にて連載)でも、暴走族である主人公のひとりが「引退」して家庭をもつ友人を訪ね、そこで、引退後は結婚して家庭人になることを決意するシーンが印象的に描かれている。さんざん迷惑をかけてきた彼女に電話で結婚の意思を伝えるキメのセリフは、「そのときは二度と…泣かしたりせん男になっとるけえ…」である。女性からの承認は、退屈な「大人の世界」と妥協して生きていくための強いモティベーションのひとつとなっていたのである。

80年代の地元

ここまでで見た通り、BOØWYの音楽の魅力は「社会への反発や女性からの承認によって退屈な世の中をやり過ごすこと」であった。しかし、今の若い読者は、そこまで大人の世界が嫌で退屈なら、うっとうしい大人たちとは顔を合わせずに好きな仲間同士で集まって楽しんでいればいいのではないかと思うかもしれない。しかし**当時としては、地方の若者が生き抜くための方法はこれしかなかった**。このことを理解するためには、当時の地方の状況を理解しなくてはならない。

かつての日本の地方はどんなだったのか。Jポップからは少し逸《そ》れるが、32、90ページでも少し触れた『So What』という映画について見ていこう。

この映画は地方でバンド活動に励む高校生たちの話なのだが、印象的なのは、彼らが常に何者かに邪魔されているということである。家の倉庫で練習をしようとするバンドのメンバーたちは、間違って飼っている牛を連れて入ってくる主人公の祖父に練習を中断させられてしまう。喫茶店では顔見知りのオーナーに常に気を遣わなくてはならない。部屋でギターを弾いていると両親が近所のスナックに車で送っていけと言う……などなど、彼らは常に何者かに邪魔されている。それは、誰かに邪魔されるような場所にしか、彼らの居場所はなかったということでもある。**かつての日本の地方には、若者が自分たちだけで楽しめる場所など用意されていなかったのである。**(36)

きっとBOØWYのメンバーたちが育った群馬県高崎市の70年代から80年代の風景もそんなものだったのだろう。2008年に発売されたライブアルバム『LAST GIGS COMPLETE』のライナーノーツのなかで、椎名《しいな》宗之は次のように述べている。

70年代の高崎は東京で注目を集めるユース・カルチャーの情報とは縁遠い街だった。少なくとも70年代はそうだった。当時の高崎にライブハウスは存在しなかったし、海外のバンドが来日してもコンサートが開かれることは極々稀だったのである。

現代のようにネット環境がまだ整備されていなかったこの時代、最新の音楽に敏感な若者達にとって、地元の先輩もしくはレコード店の主こそが音楽に関する有益な情報源だった。テレビやラジオ、雑誌などから得る東京の音楽情報は高崎に比べたら絵空事のようで、当時の東京はまるでロンドンのように遠く感じた。ロンドンとは大袈裟な、と今の若い世代は笑うかもしれないが、とにかく東京と高崎のギャップは凄まじかったのだ。高崎に限らず、全国の県庁所在地ではない街は多かれ少なかれそれと同じような状況だったのである。

（『LAST GIGS COMPLETE』ライナーノーツより）

さらに学校での教育についても触れる必要がある。

今でこそ信じられないかもしれないが、80年代は「管理教育」と呼ばれる徹底した規律訓練型の教育方法が多くの学校で取り入れられていた。そしてそれは多くの子どもや親の反感を招いていた。実際「管理教育」をキーワードに国立国会図書館の資料を検索してみると、80年代を中心に、その問題を指摘する記事や本が多数ヒットする。特に多かった81年を見ていくと、「つくられる『良い子』たち——管理教育の実態を衝く」、「軍隊調も出た管理教育の凄まじさ——復古教師はひたすら深部へ浸透する」、「受験管理教育と非行」、「今こそ管理教育に抵抗する者の連合を——『右傾化に揺れる学校現場』を読んで」、「ファシズムを先取りする『学校教育』――愛知県の管理教育の実態を衝く」など、刺激的なタイトルが並んでいる。

検索でヒットしたなかの一冊、85年の『「子殺し」時代の学校――いじめ・管理教育・体罰』（神一行・JIN取材班著、勁文社）では、当時の学校の管理教育の様子について次のように述べられている。

いま多くの学校では、かつては考えられなかったようなこまかい規則が出来あがり、教師も生徒も金縛りの状態にある。

その点について、日本弁護士連合会（日弁連）が十月十五日、「学校生活と子供の人権」と題する調査報告書を発表した。この報告書は、全国の公立中学校・高校の約千校の校則を調べ、さらに父母や教師に面接して調査したものだ。私たち取材班も、いじめや体罰の根源は〝管理教育〟にあるという視点から糾弾しているが、同様のことは日弁連も指摘している。つまり、いまの学校は、校外における日常生活までこまかな規則で縛り、違反した生徒には体罰を加えたり、内申書を〝おどし〟に使う教師がいるなど、まさに〝警察学校〟の様相を呈しているというのだ。

（中略）

こうした現状を見ると、いまの学校は、子供を教育するというより、ただ管理し、柔順さのみを要求した事なかれ主義の人間だけを養成し、天性の子供の才能を殺しているといわねばならない。しかも、一方では相も変わらぬ受験戦争で追いまくられ、楽しかったはずの学校は、いまや監獄なみの不自由と苦痛を強いられているのである。

（神１９８５：14－15）

こうした当時の学校の状況は、当時の若者たちにとって自分を取り囲む「鉄の檻(37)」（M・ウェーバー）に感ぜられたことだろう(38)。そしてそれはＢＯØＷＹのメンバーの育った群馬県も例外ではなかった。つまり、当時の地方の社会は、経済的には安定はしていたが、そのために支払う代償も大きかったのである。

しかし、だからこそ、彼らは「大人の支配する退屈な世界」で生き抜くもっとも有効な方法を提示できたとも言える。その意味で、ＢＯØＷＹとは、否が応でも地元社会と折り合いをつけて生きていかなくてはならない地方のヤンキーたちにとって、もっとも現実的かつ勇気づけられる音楽であった。

地方が大人たちに邪魔されることのない「若者たちのパラダイス」となるには、モータライゼーションが進行し、脱管理教育が進められた90年代を経た00年代を待たなくてはならない。00年代に入ってはじめて、地元はそれだけで若者たちを救う希望となるのである。ただし、00年代について考える前に、90年代をきちんと理解しておく必要がある。次に、B'zとMr. Childrenを例に、90年代のJポップとそこでの地元の表象について見ていこう。

2. 90年代　努力の時代

B'z

社会への反発に彩られていた80年代のJポップは、90年代以降、徐々に変質していく。詳しくは後に論じるが、規制緩和にともなう地域社会の空洞化や管理教育の見直しは、80年代までのヤンキー文化が反発するべき相手として措定《そてい》していた「大人の世界」の絶対的な安定性を崩すこととなり、社会への反発を軸とした自分らしさは形骸化した。さらに労働の脱男性化は、無条件に存在しているかのように思われた「母性」をも非現実的なものにした。

そこで決定的な役割を果たしたのが、「夢」というキーワードであった。ただし、その強調点は、80年代的な自分らしさの根拠となりうる「ひとりで夢を見続けること」ではなく、実際に「夢を叶えようとする」ことへと移行していった。

（社会が安定しているがゆえに）社会に反発することで成り立っていたJポップは、ここではじめて社会と真正面から向き合うことになる。その代表的なアーティストが、90年代にミリオンセラーを連発したアーティスト、B'zである。

結論を先取りすると、B'zの追求するテーマは**「（社会に反発することによる）自分らしさの獲得が困難となった世界でいかに生き抜くか」という一点に尽きる。彼らは、「夢を叶えようとする」ことによって自分らしさを確立するための戦いに永遠に参戦し続けることで「成熟」を拒否するというスタンスをとった。**BOØWY的な自己完結性は否定され、聞き手はひたすら社会に出て「勝ち続ける」ことを求められる。そうすることで不安定な社会を生き抜くひとつのモデルを提示したのである。「努力の美学」を見事にロック的な表現に落とし込むことに成功したB'zは、90年代を代表する若者たちのカリスマとなった。

B'zの曲を聞いていると、そのテンションの高さと裏腹に、そこで歌われる地元が極めて悲観的な彩りを帯びていることが分かる。彼らにとって地元とは、80年代と変わらず「退屈な日常」を象徴するものであるうえに、承認の源泉としてあった社会の安定性や絶対的な母性も失われてしまった、文字通り「何もない場所」であった。90年代、地元はJポップの世界から抹殺された。しかし、この90年代の空白の時代があったからこそ、00年代、地元は80年代とはまったく異なったものとしてJポップのなかに再登場することとなる。

何はともあれ、「努力の美学」を追求したB'zの音楽を見ていこう。

母性による承認との決別

B'zの88年のデビューシングルは「**だからその手を離して**」(作詞：稲葉浩志、作曲：松本孝弘)というタイトルである。ここからも分かる通り、B'zの楽曲の作詞を担当する稲葉浩志の詞の特徴はまず、母性による承認との決別であった。「だからその手を離して　今すぐ get out of my way／ひとりでも大丈夫さ　ここには何もない」と歌われるこの曲では、徹底的に女性からの承認を拒否する姿勢が貫かれる。決めのセリフは「wanna be without you」(!)である。

この姿勢は「愛する人を裏切れ！」という挑発的なメッセージとともに、この後もB'zの曲ではしばしば見られるものである。例えば、91年のヒット曲**「孤独のRunaway」**（作詞：稲葉浩志、作曲：松本孝弘）では「愛を殴ってみよう　義理を蹴飛ばしてみよう／傷ついて憎まれてもいいから」と歌われるし、02年のアルバム『GREEN』のオープニングトラック**「STAY GREEN ～未熟な旅はとまらない～」**（作詞：稲葉浩志、作曲：松本孝弘）においても「たまには大事な人を怒らしてごらんよ」と歌われている。

女性に対するこの態度は、母性による承認を無条件に受け入れるBOØWYの態度の対極に位置するものであると言えるだろう。しかしなぜ、稲葉はこれほどまでして頑なに母性を拒む必要があるのか。その謎を解くヒントは、稲葉の提示する「夢」の語られ方にある。

自分らしさの転換

稲葉の描く夢とは、氷室とは異なり、明確に「叶えるもの」であった。だから、**夢の実現を邪魔するような無条件な母性による承認は受け入れる訳にはいかない**。これが、稲葉が頑なに母性を拒否する理由である。いつまでも落ち着かず、夢を叶えるために挑戦し続けることが大事で、先に挙げた「STAY GREEN」においても、母性を拒否した後、「まだまだある　学ぶこと／神秘に満ちた　世界を行こう」、「最高な LOVE　どこにあるのよ／青二才でも構わないよ／最期まで　STAY GREEN」と歌われている。

稲葉がこうした世界観をはじめて明確に打ち出した曲が、90年のサードアルバム『BREAK THROUGH』のタイトルトラック「**BREAK THROUGH**」（作詞：稲葉浩志、作曲：松本孝弘）である。この曲によって、B'zは独自の世界観によって他のアーティストとの差異化に成功した。

「満ち足りて動けなくなるよりも」、夢を「いつまでも追い求めていたい」。そのためには「後悔の時間は短めに」して、「今だけの優しさ」に甘えず、時には常識や法律に反してでも自分の道を進むべきだ。**この曲には、社会への反発というモティーフは一切なく、現状のシステムのなかでいかに生き抜き、自分の夢を叶えるかということが歌われる。**

こうした稲葉の世界観は、95年の大ヒット曲、「**ねがい**」（作詞：稲葉浩志、作曲：松本孝弘）においてよりはっきりと示されている。

「願いよかなえいつの日か／そうなるように生きてゆけ」と繰り返すこの曲でも、願い（夢）を実現することが人生の目的であると歌われる。「短い夢の中でも／思いきりオマエは冷たいね」と、母性からの承認も得られず、「最終電車に揺られて／つかまった手すりがベトつく」ような厳しい状況にも耐えながら、ひたすら夢の実現に邁進《まいしん》する姿が理想とされているのである。これは、母性からの承認を受けながら、夢は見るもの、または感じるものとした氷室とは大きな違いである。

その結果、「自分らしさ」の意味が大きく変化した。夢を見ることを重視するBOØWYにあっては、自分らしさとは、（それを表現するかしないかは当人の意思によるが）何もしなくても自分に備わっているものであった（誰にでも夢を見ることはできる）。しかし、**夢を叶えることを重視するB'zにあっては、自分らしさとは夢を追う過程ではじめてあらわれるものとされた**のである。

努力の称揚

自分らしさが夢を追いかける過程であらわれるものであるならば、そのための努力は肯定されなくてはならない。**BOØWYにおいては、自分らしさは反発と結びつけられたが、B'zにおいては、それは努力と結びつけられた。**

努力の称揚は、B'zの楽曲においては、しばしば極端なマゾヒズム的表現となってあらわれる。その象徴的な曲が、99年のアルバム『Brotherhood』の冒頭の2曲、「**F・E・A・R**」（作詞：稲葉浩志、作曲：松本孝弘）と「**ギリギリchop**」（作詞：稲葉浩志、作曲：松本孝弘）である。

全体的にハードロック色の極めて強いアルバム、『Brotherhood』のこの2曲は、デビュー以来一貫して稲葉が訴え続けてきた「努力の美学」を突き詰めたような曲になっている。

「そんなに怖いんなら そいつを利用してごらんなよ／なまくらな心臓に 恐怖の力で火を入れてみなよ」、「Dance with The Fear」と煽る「F・E・A・R」では、「計画どおりにことが運ぶほど甘くない」世の中で何かを成し遂げる際に誰もが感じる恐怖心をいかにコントロールし、楽しむかということが語られるし、「ギリギリじゃないと僕ダメなんだよ」と歌う「ギリギリchop」では、「たまに苦しくて痛いのが 気持ちよかったりなんかしたりして」、「きわどい快感に冒されて／楽しめなきゃまずいんじゃないの」と、病的なほど自己改造にとりつかれる男性の姿が描かれる。

BOØWYの楽曲で歌われる男性像が、しばしば揶揄《やゆ》されるように「ナルシシズム」に彩られていたのに対し、B'zの楽曲で歌われる男性像は「マゾヒズム」に彩られていた。禁欲的なアスリートのようなその姿勢は、努力を肯定し、称揚するという稲葉の世界観から導き出されたものなのである。

「敵」の消失

B'zの楽曲の特徴は、BOØWYと比較すると以下のようにまとめることができるだろう。

反発することによってつくられる自分らしさ↓努力することによってつくられる自分らしさ

なぜ、「反発」を軸にした氷室的な自分らしさが後景に退き、「努力」を軸にした稲葉的な自分らしさが前景化したのか。**実はその背後には、逆説的ではあるが、反発すべき「大人の世界」が絶対的に安定しているという自明性が失われたことがあった。**

先に見たように、BOØWYの楽曲で示される自分らしさは「○○である」ことより「○○でない」ことによって示された。つまり、学校や家族、企業といった近代的なシステムからいかに逃げるかが重要だった。「システムからの自由」こそが大きなテーマだったのである。しかし、そのシステム自体が失われたらどうなるか。その途端、自分らしさは空洞化し、その中身を求められることになるだろう。

実は、稲葉もこの問題をテーマにした曲を書いている。95年のアルバム『LOOSE』のなかの「**敵がいなけりゃ**」（作詞：稲葉浩志、作曲：松本孝弘）という曲である。

戦う敵がいなければ、「手も足も出ないミミズ」で、「居る意味がない」。なぜなら、自分はそれ以外に「何も持ってない」から。ロックアーティストのことを自嘲的に歌ったこの曲では、反発するべき相手を失った後のロックのあり方が問われている。そんな時代に自分は何を歌えばいいのか。**そこで、稲葉は「反発」ではなく「努力」をキーワードに、自分らしさを再定義したのである。**

では、そもそもなぜ、若者たちの間で反発すべきものとされた「大人の世界」が、その安定性を失っていったのか。

管理教育の見直し

第一に、管理教育の見直しを考える必要がある。

80年代に猛威をふるった管理教育は、90年代以降、見直しが進められた。ふたたび国立国会図書館の資料を「管理教育」で検索すると、90年代以降、その見直しに関する記事が目につくようになる。

そのなかのひとつ、「こどもの復権を――管理教育から人間教育へ」（『公明』1991年6月号）と題された鼎談では、評論家の斎藤次郎氏が管理教育の見直しの機運の高まりについて次のように述べている。

おかしいのは頭髪の問題だけじゃないというんで（丸坊主にしなくてはならないという校則に対する反対運動を受けて：引用者注）、管理教育全体を批判する運動がひろがり全国で同じような問題を抱えている人たちによって、情報交換や交流がもたれるようになり、それでことしになって全国集会をもつことになったんです。もちろん丸刈りの問題だけじゃなくて、体罰の問題とか全国から親子が集まってきて、いろいろなことを報告し合うという、すごくまじめな集会でした。

管理教育というのはもう本当にいいかげんにしなさいといろいろな人が思っていて、「管理教育から人間教育へ」という方向は確実に太い流れになっていくだろうし、なっていかないといけないと思うんです。

事実、90年代に入って、80年代に見られたような露骨な管理教育はなりをひそめはじめる。管理教育という「鉄の檻」がなくなっていくことは、若者たちにとっては「大人たち」からの「解放」を意味した（その流れはその後、「ゆとり教育」へとつながっていく）。

しかし一方で、そのことはそれまで強固であった「大人の世界」の揺らぎをも意味していた。92年の論文で辻創は学校における「自由放任」の問題を指摘し、後に社会問題化する管理教育の見直しがもたらす「学級崩壊」の弊害について論じている。[39] それはまさしく若者がみずからを抑圧してくる「大人」という「敵」を失った瞬間でもあった。

地域社会の衰退

第二に、地域社会の衰退について考えなくてはならない。

第2章で見たように、大規模なショッピングモールの建設は、地域社会の基盤であった商店街を根こそぎ壊滅させてしまったが、それ以前から商店街の衰退ははじまっていた。きっかけとなったのは、90年からはじまる大規模小売店舗法（大店法）の規制緩和である。「始まった大店法の規制緩和」と題された90年の記事（『中小企業金融公庫月報』１９９０

年7月号）では、まだ当時、規制緩和の影響が読めていないといった状況が分かるが、その1年後の91年には、早くも『商店街が消える日――このままでは本当に商店街はゴーストタウン化する』と題された本が出版されている。著者の水口ひろしはその本の冒頭で次のような風景を紹介している。

最近、浜松市に旅行する機会があった。駅ビルを始め、駅周辺には百貨店や大型店が立ち並び、巨大な商業集積を現出していた。それぞれの店は、買い物客であふれている。ところが、浜名湖の舘山寺温泉へ行く道すがらの小さな商店は、軒並みシャッターが下りたまま。ほこりっぽい看板がわびしげに並んでいる。日曜日に営業を続けるのは、わずかに喫茶店など飲食店だけという光景にぶつかったのである。

数年前、浜松市の中心商店街を視察した際、組合理事長は「大型店攻勢で、二割の商店街しか生き残れない」と、悲観的発言をしていた。それが現実のものとして、目の前に現れていた。

まことに異様な風景であった。

（水口1991：3）

実際、当時、商店街の衰退は数字にもあらわれていた。93年に発行された『ロードサイドショップ——その実態と商店街への影響』(企業共済協会編)では、91年の商業統計調査によると日本の小売商店数は159万1223店で、88年と比較すると1・8%の減少であったこと、82年をピークに減少傾向が定着していることが述べられている(ちなみに同書ではその原因として、大型店舗やコンビニとの競争の激化、地価や人件費の高騰、後継者不足を挙げている)。

このように、**商店街が衰退しシャッター街になっていく風景は、地方の若者たちにとって、それまで盤石に思えていた「地域に残って生活し続ける」という将来に対する予期を揺さぶるものだっただろう。**つまり「嫌でもここに残っていれば親世代と同じように安定した仕事にはありつける」という前提自体が崩れ去ったのである。しかしそれ以上に、**地域社会の「顔」であった商店主たちが市場経済のなかでプライドを傷つけられ、惨めに散っていくさまは、強いからこそ反発のしがいのあった彼らにとっての「大人の世界」の強固な安定性をはげしく揺さぶるものであった。**

労働の脱男性化

さらに第三の要因として、「大人の世界」の正当性を担保していた母性による承認が、男女関係の変容によって失われたことも重要である。

男女関係の変容と言うと、85年に成立した男女雇用機会均等法が思い浮かぶだろうが、この法律は一定の意義をもちつつ、実効性に乏しく、さらに男女別雇用管理を進行させ女性差別を制度化した「ザル法」だった。95年の『ジュリスト』に掲載された林弘子の「男女雇用機会均等法10年と今後の課題」という論文のなかでは次のように述べられている。

均等法施行後、予期されたほどではないにしろ女性管理職が増加し、伝統的に男性の職域とされた新しい職種への女性の進出が見られたことは事実である。しかし、均等法の制定によって、男女コース別雇用管理が進み、かつ合法化されたのではないかという疑問も呈されている。

（林1995：7－8）

むしろ地方の若者たちにとって重要だったのは、産業構造の変化により肉体労働から知

的労働へのシフトが進み、労働が「脱男性化」したことによる労働の質的な変化であった。それは肉体労働では保証されていた男性の優位性を掘り崩すものであった。

94年の経団連の雑誌『月刊 keidanren』（1994年2月号）の特集「女性の社会進出と日本の企業・社会」のなかで当時NEC社長であった関本忠弘は次のように述べている。

> 特に情報化社会の進展の中で、ソフトウェアの仕事の割合が大きくなってきたわけですが、これは女性の特性を活かせる仕事なんですね。同じソフトウェアの仕事といっても、男女それぞれの働き方があり、そこに配慮さえすれば女性チームのほうが、男性チーム以上の仕事をするようになってきています。
> 機械化は直接的な労働の効率を上げましたが、知的労働者は不足していたんです。そこで女性の進出が促された。（強調は引用者）

こうした変化は、「男性は職場／女性は家庭」というこれまでの地方の社会の男女関係を変容させずにはいられなかった。男女の雇用機会は均等にはならなかったが、**少なくとも女性は無条件に男性を承認する存在ではなくなったのである**（この流れは介護保険施行の

２０００年以降の福祉労働の増加によりさらに加速することになる）。

管理教育の終焉、地域社会の衰退、労働の脱男性化。この三つの要因によって、地方の若者たちの「敵」であり生きていくうえでの前提であった「大人の世界」は揺らぎ、彼らにとっての社会は不安定なものとなった。[40]

90年代の地元

その結果、地元は、80年代と変わらず「退屈な日常」が支配する場所であるうえに、社会の安定性や絶対的な母性も失われてしまった、「何もない場所」に成り下がってしまった（90年代に商店街を衰退させた大型店舗も、現在のイオンモールなどとは異なり、当時はまだ若者たちの余暇生活を満足させるレベルには達していなかった）。

そんな「不毛な地元」を象徴する楽曲が、アルバム『BREAK THROUGH』に収録されている「**Boys In Town**」（作詞：稲葉浩志、作曲：松本孝弘）である。

稲葉の地元観を知るうえでこの曲は極めて重要である。稲葉の歌う地元は氷室の歌う地元と比べ、一言で言うと、愛がない。なぜなら、そこには、愛する女性もいないし（「また戻ってくるよ／とびきりの女を連れて」）、ともに社会に背を向ける仲間もいないし（「みんなのことくやしがらせてみたい」)、そして、これが一番重要なのだが、**将来に対する見通しもない**からである(「ときどき 臆病になるよ/行方知れずの(Oh no!)/将来のこと(Oh yes!)/忘れたいけど 空まわりもいやだ!!」)。これは、将来に対する見通しに不安がなく、愛する女性もいて、仲間にも恵まれている氷室の地元観とは真逆に位置するものである。

しかし、何もなくなった不毛な地元で努力し勝ち抜くことで自己証明するというB'zの戦略は早々に破綻することになった。そもそもこの社会においては「勝ち組」は一握りの人に限られる。多くの人は「負け組」に転落してしまうのだ。彼らにとって勝ち続けることを求められる(ゆえに常に努力し続けなくてはならない)B'zの音楽は、あまりに酷なものだろう。そんな若者の叫びに呼応するように、90年代を代表するもうひとつのバンド、Mr. Childrenが登場することになる。

3. 90年代　関係性の時代　Mr. Children

90年代後半、Jポップは再び世界に背を向けはじめた。しかしそこでは、BOØWY的な反発心ではなく、「キミとボクの世界」によって世界を書き換えてしまうという、まったく新しい方法がとられた。努力の時代の反動として生まれた関係性の時代を象徴するアーティストこそ、Mr. Children（以下、ミスチルとする）である。

不安定な社会に徹底的に向き合い、そこで戦い、勝ち残ろうとするB'zを「努力系」とすると、ミスチルは、不安定な社会において変わらないもの（キミとボクの世界）を探し求め、そこに精神の安らぎを見出す「関係系」とでも呼ぶべき表現の方法をとった。努力系の音楽が聴く者に自己変革を求めるのに対し、関係系の音楽は聴く者を肯定し、受け入れる。ミスチルの登場はその後のJポップの展開に大きな影響を与え、彼らが現在もほぼ唯一の現役のミリオンセラーバンドであることが証明するように、今もそれは続いている。

しかし一方、地元という点に関しては、彼らの歌う地元とは、B'zと同じく、「何もない場所」であった。「関係性の時代」においても、相変わらず、地元はJポップの世界から抹殺されたままであった。**ただしここで重要になるのは、90年代後半の「関係性の時代」はB'z的なギラギラした「自分らしさ」をも消し去ったということである。**00年代の地元の時代は、まさしくその延長線上に立ちあらわれることになる。

何はともあれ、B'zに続いては、「関係性の時代」の最大の功労者、ミスチルの音楽を見ていこう。

自分らしさの再定義

まず見たいのは、エポックメイキングな楽曲、95年の大ヒット曲、「**名もなき詩**」（作詞・作曲：桜井和寿）である。この曲でミスチルのソングライターである桜井和寿は、これまで言われていた「自分らしさ」からの離脱を説いた。

BOØWYのように反発によってであれ、B'zのように努力によってであれ、それまで、「自分らしさ」はまわりとは異質な存在である＝自分だけは特別であることによって得られるものとされていた。それに対し、桜井は、**まわりとの関係によって「自分らしさ」を再定義するという戦略**をとった。

これは、まさしく「コロンブスの卵」であった。自分がまわりとの関係のなかでかたちづくられるのであれば、そこで形成される自分は、他の誰とも異なる固有のものである。ならば、自分だけ特別などとことさら強調しなくとも、自分は自分でしかないのだ。「自分らしさの社会学的転回」と呼ぶべき斬新な発想で、桜井は「自分らしさの檻」でもがく若者たちにひとつの答えを与えたのである。

すると、**自分らしくいたければ、自分の身のまわりに感謝することからはじめよ**ということになる。「愛はきっと奪うでも与えるでもなくて／気が付けばそこにある物／街の風に吹かれて唄いながら／妙なプライドは捨ててしまえばいい／そこからはじまるさ」であるとか「愛、自由、希望、夢（勇気）／足元をごらんよきっと転がってるさ」といったフレーズは、その後も続く桜井のメッセージを宣言したものである。

反発や努力からの退却

このメッセージは、ほぼすべての若者をもれなく救済するという意味で、極めて強力で

あった。反発すべき「大人の世界」＝「鉄の檻」が失われたなかでどのようにして自己のアイデンティティを担保しようかと考えたとき、それを「努力すること」に求めた稲葉の戦略は見事だったが、努力の称揚は容易に競争の称揚に結びつき、競争は「勝ち組」と「負け組」を生んでしまう。負け組にとっては、努力を強いられる稲葉のメッセージはしんどいものだろう。その点、関係性によって自分のアイデンティティを確保する方法であれば誰にでもでき、勝ち組も負け組も生まない。まさしくユニバーサルに保証された「自分らしさ」であった。

それは一見BOØWY的な「反発」やB'z的な「努力」を歌ったかのように見える94年のシングル曲、「**everybody goes —秩序のない現代にドロップキック—**」（作詞：桜井和寿、作曲：桜井和寿、小林武史）にもはっきりとあらわれている。この曲の歌詞を見ると、ミスチルの世界観がBOØWYやB'zのそれと大きく異なることが理解できるだろう。

この曲で桜井は、疲労困憊《こんぱい》のサラリーマンや自分が見えていないグラビアアイドル、子どものことが理解できていない教育ママなどを批判しているように見えながら、最終的には彼らを肯定している。しかし、肯定すると言っても「ガンバレ」と言ったあとに「報われない」と言ったり、その生き方を積極的に称揚しているわけではない。つまり、この曲はBOØWYのような社会批判でもB'zのような努力賛美でもない。**「皆病んでる」が「必死で生きてる」時代のなかで、それをありのまま受け入れようというのがこの曲の桜井のメッセージである。**

また、08年のアルバム『SUPERMARKET FANTASY』に収録されている「**東京**」(作詞・作曲：桜井和寿)という楽曲では、それまでは立身出世をする場所、夢を叶える場所とされていた東京に、まったく違った意味を与えている。

「描いた夢／それを追い続けたって　所詮／たどり着けるのはひとにぎりの人だけだと知ってる」、「老いてく者を置き去りにして／目一杯　精一杯の／目新しいモノを抱え込んでく」と歌われるように、東京とは、基本的に流動性が高く、弱肉強食の、冷酷な都市である(「ロボットみたいなビルの街」)。これは一般的な東京のイメージだろう。

しかし、そんななかで頑張っている人たちからすると、そこにいる理由は、「この街に大切な人がいる」からである。こう読み替えることによって、桜井は、東京に生きるすべての人々を救済する。夢が敗れたとしても、そこに居場所は残されているのである(「いつか可能性が消える日が来ても／大切な人はいる」)。**そこで重要視されているのは、夢を叶えるための「努力」ではなく、人と人の「関係性」である。**

反発も努力も否定し、しかしそれでもそこで生きていることを肯定する。ありのままの自分を愛すること。それは、自分らしさを「関係性」にまで切り詰めた桜井だからこそできたことだった。

二者関係への包摂

しかし、その関係性は、あくまで閉じた二者関係、とりわけ男女の関係に限られたものであった。最後に、ミスチルの楽曲における女性の扱われ方について見ていこう。

BOØWYにおいては、女性は男性を無条件に受け入れる母性的な存在として、B'zにおいてそれは、拒否あるいは嫌悪すべき対象としてあらわれた。双方ともに、母性というものを軸にしてあらかじめ男女の関係性は決まっているため、その関係に関する記述は極めて薄っぺらい。それに対して、このような母性を前提としない「関係性」そのものに注視するミスチルにおいては、男女関係の描かれ方は多様で濃密なものであった。

ミスチルのラブソングは数限りなくあるが、その極めつきは06年のシングル、「**しるし**」(作詞・作曲:桜井和寿)だろう。

「違うテンポで刻む鼓動を互いが聞いてる」、「面倒臭いって思うくらいに真面目に向き合っていた」と、この曲では、良好な関係を築くため、時間をかけ互いに理解し合おうとする男女の姿が描かれる。様々なレトリックを駆使してリスナーを「キミとボクの世界」に引きずり込んでいく巧みな歌詞は「関係性の魔術師」たる桜井の面目躍如である。しかし、桜井の描く関係性はあくまで男女関係に閉じたものであった。その意味で桜井は「ラブソングの魔術師」であったとも言える。

こうした傾向は、最近のJポップが理想的な関係性を描くとき、「友だち」や「仲間」が頻繁に出てくるのと対照的である。詳しくは次節に譲るが、濃密な二者関係が濃厚な「地元仲間」にまで拡張されるのは、モータライゼーションが完遂される00年代を待たなくてはならない。**ただし、「自分らしさ」を「関係性」によってはじめて再構築したミスチルの存在はやはり特筆すべきものであろう。**

ミスチルまでのJポップの変遷をまとめると以下のようになる。

反発することによってつくられる自分らしさ→努力することによってつくられる自分らしさ→関係性によってつくられる自分らしさ

4. 地元の時代　KICK THE CAN CREW

90年代とは、戦う相手（「大人の世界」）の弱体化＝社会の不安定化にともない、Ｊポップが「反発」の音楽（ＢＯØＷＹ）から「努力」の音楽（B'z）、そして「関係性」の音楽（ミスチル）へと変化していった時期であった。

そして00年代を迎え、Ｊポップに持ち込まれたのが、90年代には完全に忘れ去られていた「地元」という概念であった。ただしそれは、80年代的な「反発することでやり過ごす退屈な地元」とは異なる、モータライゼーションの完遂が可能にした「世界から自分たちを守ってくれる楽しい地元」であった。その意味で、**00年代の「地元の時代」は「関係性の時代」の延長線上に位置づけられるものであった。**

何はともあれ、ミスチルに続いては、「地元の時代」の最大の功労者、KICK THE

CAN CREW（キック・ザ・カン・クルー）の音楽を見ていこう。

日本におけるヒップホップ

00年代、いよいよ「地元」はJポップのなかで多用されるタームとして登場することになる。その口火を切ったのは、80年代、90年代と時代の最先端を切り開いてきたロック的な表現ではなく、ヒップホップの表現であった。

もともとヒップホップとは黒人音楽で、仲間との絆《きずな》や地域性を重視してきた音楽であった。だから、**00年代、日本の若者文化のなかで「地元」のもつ意味が大きくなるに従って、ヒップホップの人気が高まっていったことは必然であった。**90年代から一部で盛り上がりを見せていたヒップホップシーンが00年代に一気にポピュラリティを獲得したのにはこうした事情がある。そのなかでも特に大きな成功をおさめたグループがKICK THE CAN CREW（以下、キックとする）であった。

キックがヒットシングル「クリスマス・イブRap」で大ブレイクを果たす01年の2年前、99年に大ヒットを記録したドラゴン・アッシュの「Grateful Days」は、ヒットチャートに本格的なヒップホップが殴り込みをかける「前哨戦」として位置づけられるだろうが、彼らの歌詞で当時印象的であったのは、「仲間」や「家族」への「リスペクト」（尊敬）が堂々と歌われていたことである。キックの歌詞も、まさしくそうした「ヒップホップの流儀」にのっとったものであった。

レペゼンと地元

02年のキックのメジャーデビューアルバム、『VITALIZER』に収録されている楽曲を見てみると、男女の恋愛を歌った分かりやすいラブソングが14曲中、2曲しかないことが分かる。代わりに歌われるのは仲間との友情であり、彼らとともに見る「夢」である。

そこで重要視されたのが「地元」であった。彼らにとって地元とは、たとえそれが渋谷や原宿などの「いけてる」大都市でなくても、誇りに思えるものであった。それがもっとも端的にあらわれるのが、ヒップホップに特有の「レペゼン」という表現方法においてである。「レペゼン」とは、自分の出身地を自己紹介も兼ねて represent＝代表するという意味で、「レペゼン○○（地名）」といったかたちで使われることが多い。

「**?WHATCHANAME?**」（作詞・作曲：KICK THE CAN CREW）は『VITALIZER』に収録されたレペゼンソングである。

この曲で歌われている彼らの地元を見ると、MCUは「地蔵の血が舞う」豊島区巣鴨、KREVAは「江戸川の片田舎」である。これらの地域は東京都ではあるが、渋谷や原宿、新宿や池袋とは異なり、「周辺地域」である（ちなみに、もうひとりのメンバー、LITTLEの地元は東京都八王子市である）。つまり、東京は東京でも、極めて地方に近い東京である。

これは、それまでのヒップホップが、「渋谷」（94年に大ヒットを記録した「今夜はブギーバック」は、ヒップホップグループであるスチャダラパーが「渋谷系」を代表するアーティスト、小沢健二と組んでリリースしたものである）や「六本木」（99年の「Grateful Days」でドラゴン・アッシュと共演したラッパー、「東京生まれ HIP HOP 育ち」の ZEEBRA のリリック〈歌詞〉に登場する東京の街は、渋谷と六本木である）といった「いけてる」街をシンボリックなイメージとして用いていたのとは対照的であった。**つまりキックは、東京から地方へ、ヒップホップの舞台が移っていく際のフロンティア的な存在であったと言える。**

郊外の地元、最高！

そしてそうした姿勢は、売れた後であっても変わらなかった。売れて、地元から東京（の「いけてる」街）に舞台を移すわけではなく、地元愛は成功したこととは関係なく持続するものなのである。キックのメンバーのなかで、もっとも大きな成功を手にしたKREVAは、ソロのヒップホップアーティストとして初のオリコン第1位を記録した06年のアルバム、『愛・自分博』のなかの一曲**「江戸川ロックオン」**（作詞・作曲：KREVA・CUEZERO・WADA）で、変わらない地元愛で江戸川区をレペゼンしている。

この曲でKREVAは、CUEZEROとWADAというラッパーと共演しているが、彼らは全員が江戸川区出身ということで（特にKREVAとCUEZEROは幼馴染で、ふたりでBY PHAR THE DOPESTというユニットを結成している）、キックのレペゼンソングよりもさらに地元を意識したものとなっている。

この曲でまず注目すべきは、その「郊外感」である。「チャリで舞浜駆け巡りますか？」、「大橋越え立ち漕ぎ禁止」、「マクドナルドよりドムドム」[41]、「ごく自然　たまったサンチェーン」[42]と、固有名詞が使われていながらも、それらは、埋め立て地、大きな橋、ファストフード、コンビニエンスストアと、日本中のどの地方の郊外にも見られる風景である。

実際、東京も東のほうに行けば、地方とあまり変わらない風景が広がっている。だからこそ、自転車でガランとした埋め立て地をみんなで走ったり、風の強い大きい橋を渡るのに友人と競争したり、その地域には多いが全国的に見るとマイナーなチェーン店でたむろしたりといった、岐阜出身である私でも見覚えのある風景を、彼らはリリックに入れ込むことができたのだろう。

そしてそこは、同質的な友人たちの集まった〈パラダイス〉でもある。「階段降りればあいつんチ」、「団地の子供さ　どこ行こうと／友達んチ　好きな子んチも／集まってたぜ不思議な土地」と、CUEZERO と KREVA は否定的に語られがちな団地の生活を礼賛している。彼らにとってそこは友達とその家族しかおらず、しかもその人々が近接した地域で暮らしている、快適な場所である。そして、そこで、彼らは「何でもできる」、「俺たちは最高だ」と全能感を感じるのである（「俺らスペシャルって感じてたい」）。

地元と仲間

そしてそんな地元の気の合う仲間たちと夢を追い続けるのが、彼らの生き方である。キックの01年のヒットシングル「**イッツナロウバ**」（作詞・作曲：KICK THE CAN CREW）や02年の「**アンバランス**」（作詞・作曲：KICK THE CAN CREW）は、こうした彼らの信念を象徴するような楽曲である。

「イッツナロウバ」や「アンバランス」といった楽曲で注目すべきは、モラトリアム（社会に出るまでの猶予期間）の扱われ方である。これらの曲では、モラトリアムは肯定すべきものとされ、できれば〈永遠のバカ騒ぎ〉（「ひたすら遊ぶ　瞬きもせず」）のなかで生きていたいとされている。これはたとえばB'zのアルバム『LOOSE』のタイトルトラック、**「ザ・ルーズ」**（作詞：稲葉浩志、作曲：松本孝弘）で歌われているモラトリアムの位置づけとは大きく異なるものである。

「あたまがいたい何も決まらない」と歌われている通り、B'zの世界観においては、モラトリアムはつらいものとされ、そこにとどまり続けることは決して喜ばしいことではない。しかしキックの世界観においては、「オレは未完成でも光ってる」と歌われている通り、それはむしろ〈誇らしいもの〉である（だから「イッツナロウバ〈It's not over＝終わらない〉」であることを願う）。両曲ともに〈もうちょっとこのままでいさせて〉という思いが歌われていても、その意味は正反対なのである。**夢は地元を出てひとりで叶えるもの（だからモラトリアムは辛い）から、地元に残り続けて仲間たちと叶えるもの（だからモラトリアムは楽しい）へと変化した。それがB'zとキックの世界観の決定的な違いである。**

こうした変化の背景には、第2章で見た、モータライゼーションによる地方の人間関係の変容を読み取るべきだろう。地元は「大人の世界」から「若者の世界」へと変貌した。

それにより、ミスチルによって発見された「不安定な世界を生き抜くための人間関係」が二者関係から地元仲間にまで拡張されたのである（その後、この流れは湘南乃風などのジャパニーズ・レゲエに引き継がれていくことになる）。

キックまでのJポップの変遷をまとめると以下のようになる。

反発することによってつくられる自分らしさ→努力することによってつくられる自分らしさ→関係性（二者関係）によってつくられる自分らしさ→関係性（地元仲間）によってつくられる自分らしさ

注意しなくてはならないのは、「地元の時代」の音楽は、Jポップに「地元仲間」という新しいファクターを組み込んだものの、その性格はミスチルの開拓した関係性の音楽と同じく、閉鎖的なものであったということである。彼らの音楽は、世界に対して背を向けるこうした音楽の延長線上に位置づけられる。つまり、「地元の時代」の音楽に足りないものは、世界にみずからを開いていく姿勢であった。

ただし、この点に関しては説明が必要だろう。彼らの表現は、一見、世界に開かれているように見えるためである。

ここで、B'zとミスチルの違いについてもう一度確認しておきたい。それは、自分を変える音楽か自分を変えない音楽かという違いであった。不安定な現代社会を生き抜くためには、自分を改造し、強化しなくてはならない。B'zの音楽にはこうしたメッセージが込められており、それがミスチルの音楽との大きな違いであった。

翻って「地元の時代」のヒップホップを見てみると、シーン全体ではお互いをディスり（けなし合い）つつ競争をしてはいるが、アーティスト単体の表現としては、メンバー同士は強い結束力で結ばれ、地方の若者に独特の全能感に溢れている。**そこには自らを変えていく契機は限りなく薄いと言わざるをえない。**

しかし現在、こうしたヒップホップ的全能感に謙虚さを組み合わせた、「自分たちが変わりつつ世界に立ち向かっていく」という新しい表現が生まれつつある。若者の間で少しずつ広がりはじめる変革の契機を、次章では見ていきたい。

(33)「Jポップ」という言葉自体は80年代にはあまり一般的ではなかった。その意味で第一節は「Jポップ前史」と呼ぶべきだろう。ただしBOØWYはロック系のJポップアーティストの源流として捉えられており、宝島社の人気シリーズ『音楽誌が書かないJポップ批評』でも、2002年（『BOØWYと日本のロック』）と2006年（『21世紀のBOØWY伝説』）に二度の特集が組まれている。彼らを「Jポップ」と呼ぶことは適当だろう。ちなみに、本章で扱うB'zとMr.Childrenもそれぞれ二度、当シリーズでは特集が組まれており（2001年の『「B'zの不思議」再考』、2002年の『まるごとB'z大全』、『桜井和寿[Mr.Children]〝イノセントワールド〟大全「終わりなき自分探し」の行方」』、2005年の『Mr.Children「幸福の探し方」』）、彼らはいわばJポップ批評の「常連」である。

(34) 最近では、2011年の6月に2日間にわたり東京ドームでおこなわれた氷室京介の東日本大震災の復興支援チャリティコンサートは全編がBOØWYの楽曲で構成され、11万人の観客動員数を記録した。布袋寅泰も同年7月に東京ドームで2日間に亘りCOMPLEX（布袋がBOØWYの解散後、1988年から90年にかけて吉川晃司《きっかわこうじ》と結成していたユニット）の復活チャリティコンサートをおこなった。BOØWYは今、もっとも再結成が望まれているバンドのひとつである。

(35) ポピュラーカルチャーのなかだけでなく、アカデミズムにおいても当時、「逃げること」は重要な意味をもっていた。一般大衆をも巻き込んでひとつの知的潮流を作り出した「ニューアカデミズム」の旗手、経済学者の浅田彰は、その名も『逃走論——スキゾ・キッズの冒険』と題された1984年の本の冒頭の文章（初出は当時のおしゃれ雑誌『ブルータス』の83年1月1・15日号に掲載された「逃走する文明」）で次のように述べている。近代的（モダン）なシステムからの脱却＝ポストモダンが説かれていた当時の時代の空気感を知るために引用しよう。

男たちが逃げ出した。家庭から、あるいは女から。どっちにしたってステキじゃないか。女たちや子どもたちも、ヘタなひきとめ工作なんかしてる暇があったら、とり残されるより先に逃げたほうがいい。行先なんて知ったことか。とにかく、逃げろや逃げろ、どこまでも、だ。

（中略）

ここでまず思い起こされるのが、人間にはパラノ型とスキゾ型の二つがある、という最近の説だ。パラノってのは偏執《パラノイア》型のことで、過去のすべてを積分《インテグレート》＝統合化して背負ってるようなのをいう。たとえば、十億円もってる吝嗇家《りんしょくか》が、あと十万、あと五万、と血眼になってるみたいな、ね。それに対し、スキゾってのは分裂《スキゾフレニー》型で、そのつど時点ゼロで微分《ディファレンシエート》＝差異化してるようなのを言う。つねに《今》の状況を鋭敏に探りながら一瞬一瞬にすべてを賭けるギャンブラーなんかが、その典型だ。

（中略）

これで舞台装置はととのった。いよいよ大予言が下されるべき時だ。すなわち：《パラノ人間》から《スキゾ人間》へ、《住む文明》から《逃げる文明》への大転換が進行しつつある。この大転換を全面的に肯定せよ！　男たちが家庭なり女なりから逃げ出しつつあるというのも、この大転換の一つの現われなのだ。そして、何でまたこの大転換を肯定しなきゃならないのかと問われれば、答はカンタン、その方がずっと楽しいからに決まってる。

実際、蓄積につぐ蓄積ってのは余りにもシンドイ。むろん、そうじゃないとやってけない時代もあったワケだけど、近代文明もここまでくると、むしろパラノ型の弊害の方が大きくなってきてる。守るべきものを山ほど背負って深刻ぶってるオジサンたちも、そろそろ何もかも放り出して逃走の旅に出たらどうだろう。そのほうがよっぽど気楽で面白い。そして、いまや《面白くっても大丈夫》なんだから、ね。

（浅田1986：10－12）

このように、80年代、知の最先端にいた「ポストモダニスト」たちが逃げろ逃げろと叫んでいるなかでも、氷室は、実際は逃げてしまったりはしなかった。その意味で、氷室は「中途半端なポストモダニスト」であった。

(36) しかし、彼らにも誰にも邪魔されない場所が、ひとつだけあった。それは、「車のなか」である。『So What』のなかで主人公たちは、車のなかで歌い、騒ぎ、思い思いに語る。そこは誰にも邪魔されない、彼らだけの居場所であった。主人公が両親を地元のスナックに送った帰り道、車のなかで尾崎豊の「15の夜」を大声で歌うシーンは象徴的である。

そんな「車のなか」がそのまま巨大化したような、たくさんの若者が集える場所。それが、戦後、アメリカで急速に普及した「ドライブイン」と呼ばれる場所であった。1973年に公開されたアメリカ映画、『アメリカン・グラフィティ』(G・ルーカス監督)では、地方の田舎町で若者たちが集うドライブインの風景が大きくフィーチャーされている。日本の若者たちにとって、そこは、うっとうしい地元住人たちから逃れることのできる理想郷に思えたことだろう。ドライブインは深夜まで営業しているので、いつでも家を飛び出して仲間たちだけで集うことができる。そこにはうるさい大人たちはおらず、恋愛や友情、喧嘩やダンスなど、若者たちだけの楽しい出来事が繰り広げられている。『アメリカン・グラフィティ』を見ていて気づかされるのは、アメリカの豊かさもさることながら、純化された若者文化の開花である。そこには、『So What』で見られたような日本の若者を悩ませる地域社会のしがらみは見当たらず、ただひたすら若者たちのパラダイスが広がっていた。

当時の日本の若者はそれに強く惹かれ、『アメリカン・グラフィティ』は大ヒットを記録した。規制緩和のもと劇的に進んだ地方のモータライゼーションの流れを草の根レベルで支えたのは、まさしくこうした「豊かなアメリカの地方」に対する憧れであった。近年、商店街を壊滅させ、地域のコミュニティを解体した「悪玉」のように語られることの多いモータライゼーションだが、それを増長させたのは、人々の飽くなき「アメリカ的豊かさ」への欲望だったのである。

(37)「鉄の檻」に関して、ウェーバーは100年近くも昔にこう「予言」している。

将来、この鋼鉄の〈檻〉に住むのは誰なのかを知る人はいない。そしてこの巨大な発展が終わるときには、まったく新しい預言者たちが登場するのか、それとも昔ながらの思想と理想が力強く復活するのかを知る人もいない。あるいはそのどちらでもなく、不自然きわまりない尊大さで飾った機械化された化石のようなものになってしまうのだろうか。この文化の発展における「末人」たちにとっては、次の言葉が真理となるだろう。「精神のない専門家、魂のない享楽的な人間。この無にひとしい人は、自分が人間性のかつてない最高の段階に到達したのだと、自惚《うぬぼ》れるだろう」。

(ウェーバー2010:493-494)

1980年代までのJポップは、ウェーバーの言うところの近代の〈檻〉に囚われた「末人」に対する戦いでもあった。しかしそれは、〈檻〉が壊れたとき、別の戦いに移行していくことになる。

(38) こうした管理教育を社会の側がある程度黙認せざるをえなかったのは、当時深刻化していた非行の問題があった。1984年に『教育工場の子どもたち』を記した鎌田慧は同書の2007年版で次のように述べている。

日本の企業は、七三年からはじまったオイルショック不況を、「希望退職」と「コスト削減」の合理化で切りぬけ、世界経済のなかでもいちはやく、復活のバトンをにぎって走りだしていた。成長経済に回帰して、生活は向上し、進学率は上昇しはじめた。八〇年代なかばになると、団塊ジュニアの受験戦争がはげしくなってきて、塾や予備校の全盛期となった。その一方で、受験戦争からの落ちこぼれが出はじめ、家庭内暴力や校内暴力が頻発するようになる。

それへの対抗策が、「非行防止」と「学力向上」運動だった。これまた、信じられないことだったが、そのころ、教員の体罰などさしてめずらしいものではなかった。（鎌田2007：ⅳ）

(39) 「とにかく、いまの生徒たちは授業を集中して聞くということができないのである。授業中でも私語がやまず、騒ぐ。注意してもその効果は一分ともたない。要するに授業がほとんど成立しない状況なのだ。遅刻は日常茶飯事、なかには月曜日はなんと前日の遊び疲れを口実に学校を休む生徒すらいるという」（辻1992：215）

(40) こうした時代の変化は「鉄の檻」に象徴される前期近代から「鉄の檻」が解体する後期近代への移行でもあった。それを、社会学者のジークムント・バウマンは「リキッド・モダニティ」（液状的な近代）と名づけた。バウマン曰く、「今日、不足しているのは、指針、道案内となる形式、法規、規則である」、「今日の範型や形式は『所与の』ものではなく、ましてや、『明白な』ものでもない」、「液状化の力は『体制』から『社会』へ、『生活』から『生活政治』へおよび、社会生活の『マクロ』段階から『ミクロ』段階へと降りようとしているのである」(バウマン2001：11)。1990年代以降のJポップの歴史は、「リキッド・モダニティ」における若者の存在証明を賭けた戦いの歴史でもある。

(41) ドムドムハンバーガーは、千葉県に本社を置く株式会社オレンジフードコートの展開するハンバーガーチェーン店。オレンジフードコートの株主は株式会社ダイエーである。現在、全国に97店舗（直営78店、FC19店）を展開する。

(42) サンチェーンとは、かつてあった日本のコンビニチェーン。本社は東京都台東区上野に置かれていた。1989年にローソンジャパンと合併した。

ポスト311の郊外論

最近の若者は、自分の生まれ育った場所＝地元のことがとても好きらしい。しかし、昔ながらの、いわゆる「田舎」が好きなのかと期待しつつ田舎に住む地元志向の若者にインタビューすると、肩透かしを食らうことが多い。確かに地元が好きなことは分かるのだが、都会と田舎という単純な二項対立で彼らの地元志向を理解しようとすると間違うことになる。現代日本における田舎とは、昔とは違い、モータライゼーションの進行した郊外＝「ファスト風土」の姿だからである。彼らが愛してやまないのは、昔ながらの田舎ではなく、ショッピングモールやコンビニ、ファミレスが立ち並び、マイホームとそれらの間を自由に車で行き来することのできる快適な消費空間である。つまり、彼らは地元は好きだが、田舎が好きなわけではない。

昔ながらの田舎には、濃い人間関係で構成されるコミュニティがあった。それは、個々人の自由を奪う「しがらみ」でもあったが、弱い立場にある人を救う「社会の懐《ふところ》」でもあった。２０１１年の3月11日の東日本大震災の際、こうしたコミュニティのもつ力が再評価されたことは記憶に新しい。

一方、３１１の大震災は、田舎の懐だけでなく都会の想像力の大切さも人々に教えることになった。都会には田舎のような懐はないが、危機から立ち直る際に新しい社会のあり方を構想する力がある。これまでの常識にとらわれず、様々な立場の人が、様々な意見をぶつけ合わせ、斬新なライフスタイルを創造する。震災からの復興を考える際は、昔ながらの「絆」も必要だが、大胆なイノベーションも求められるのである。

つまり、３１１の大震災は、われわれに、田舎のコミュニティと都会のイノベーションの、両方の大切さを教えることになった。伝統と創造。

その両輪がなくては、震災からの復興はかなわない。両者を対立させて考えることは有益ではなく、伝統的な共同体があり、それを創造的に破壊し、再構築し続けることで、社会は前へ進んでいくのである。

話を現代日本の郊外＝「ファスト風土」に戻そう。郊外とはもともと、戦後、田舎のしがらみや都会の喧騒を疎《うと》ましく思う人々によって希求されたものでもあった。「ファスト風土」は、その究極のかたちである。だから、若者の愛する地元の姿、ショッピングモールとコンビニとファミレスが立ち並ぶ風景は、戦後日本人の「夢」の集大成とも言えるだろう。日本人は経済成長とともに、田舎でも都会でもない、快適な生活空間として、郊外をつくりだしてきたのである。

しかし、田舎のしがらみがなく、都会の喧騒もないその場所は、同時に田舎のコミュニティもなく、都会のイノベーションもない場所であった。その代わり、その場所には、ただひたすらみずから（とその家族）の生活にしか興味のない「私生活主義」が蔓延していった。

田舎や都会と郊外の最大の違いは「他者への想像力」の有無である。

形は違えど、田舎と都会には、自分とは異なる「他者」がおり、彼らとうまくやっていくことが、そこで生きるうえでの絶対条件だった。しかし、郊外には「他者」がいない。いないというより、むしろそれを「ノイズ」として排することを目的として、同質的な人々が集まって郊外はかたちづくられてきたのである。

もし、郊外がポスト３１１の時代を生き抜くとするならば、その未来は「他者への想像力」を取り戻せるかどうかにかかっている。復興における「私生活主義」の弊害は明白になりつつある。しかし、われわれはあまり悲観することはない。大学生と話をしていると、「ファスト風土」世代の若者たちは、うすうすその限界に気づき始めている。コミュニティとイノベーションの両者を兼ね備えた「新しい公共」は、いつか彼らのなかから立ちあらわれてくるだろう。それをサポートするのが、次世代に「ファスト風土」しか残せなかった大人の役割である。

空白に育つ「新しい公共」

2012年におこなった大規模な被災3県の調査（「東日本大震災からの復興に向けた総合的社会調査」）では、震災に際して「地縁」の機能しなかった地方の中小都市の存在が明らかになった。

表Aを見ていただきたい。「今回の震災で、あなたにとって頼りになった人や組織は次のうちどれですか」という問いに対し「近所の人」が頼りになったと答えた人の割合は、高い順に、大都市、郡部、人口10万未満の市、人口20万以上の市、人口10万以上の市となった。折れ線がV字になっていることが分かる。

まず印象的なのは、大都市においてその割合が高くなったことである。

表A　「近所の人」と「NPOやボランティア」への信頼度
×都市規模（被災３県調査）

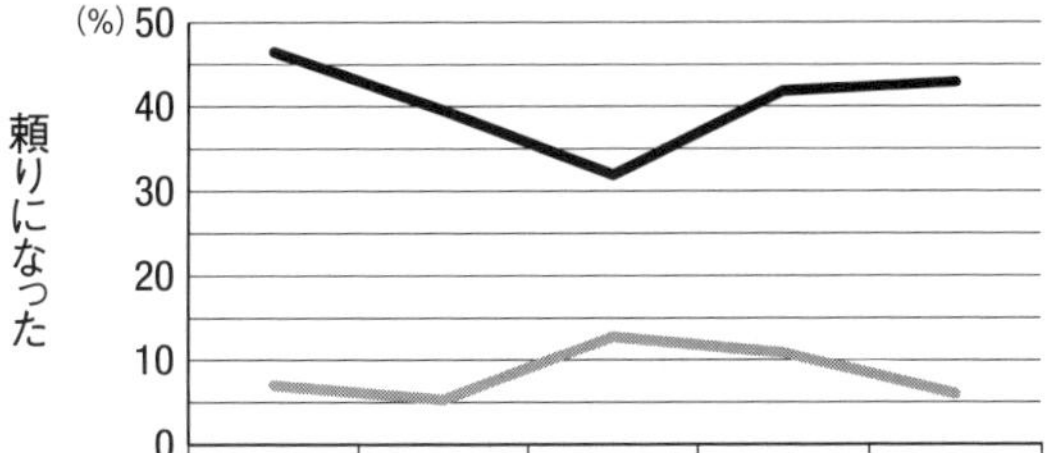

	大都市	人口20万以上の市	人口10万以上の市	人口10万未満の市	郡部
近所の人	46.5	39.5	31.9	41.8	42.9
NPOやボランティア	7.0	5.3	12.8	10.9	6.0

しかし、同じく12年におこなった全国調査のほうにある「今お住まいの地域で自然災害が起こったとき、あなたにとって頼りになると思うのは次のうちどれですか」という問いに対する回答のなかで「近所の人」を見ると、大都市に関しては低い値が出ている（表B）。つまり、大都市において近所の人は、頼りになると思われていなかったが実際は頼りになったと解釈することができるだろう。「頼りになると思う」と「実際に頼りになる」との間には大きなギャップがあり、震災の際にはじめて顕在化する社会資源もあるのかもしれない。すると、人口の密集している都市のほうがその潜在力は高い。それがこうした結果につながったと考えられる。

表B　「近所の人は頼りになると思う」×都市規模（全国調査）

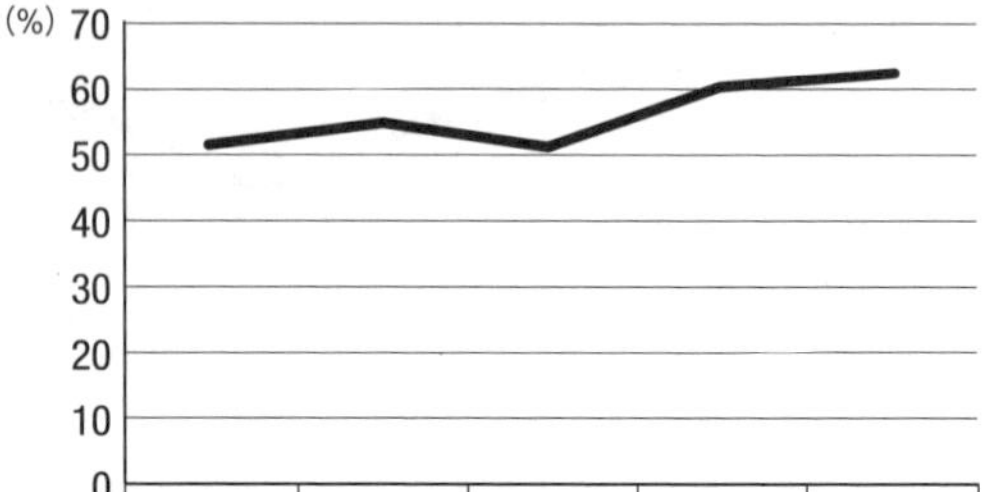

	大都市	人口20万以上の市	人口10万以上の市	人口10万未満の市	郡部
近所の人は頼りになると思う	51.5	54.9	51.1	60.1	62.4

　一方、郡部や人口10万未満の市を除くその他の中小都市（人口20万以上の市や人口10万以上の市）においては、近所の人は頼りになると思われていなかったし、実際にも頼りにならなかったと言うことができる。こうした地域では「地縁」があまり機能しなかったのである。

　この調査結果は、本論で見てきた、地域の人間関係が薄い地方の若者たちのあり方と重なる。ショッピングモールや大規模ロードサイド店が立ち並ぶモータライゼーションの進行した地方の中小都市は、まさしく「地縁の空白地帯」と呼ぶことができる。

　しかし、希望がないわけではない。震災の際の「NPOやボランティア」への信頼

表C　「新しい文化や価値観を受け入れる社会」を目指すべき×都市規模（被災3県調査）

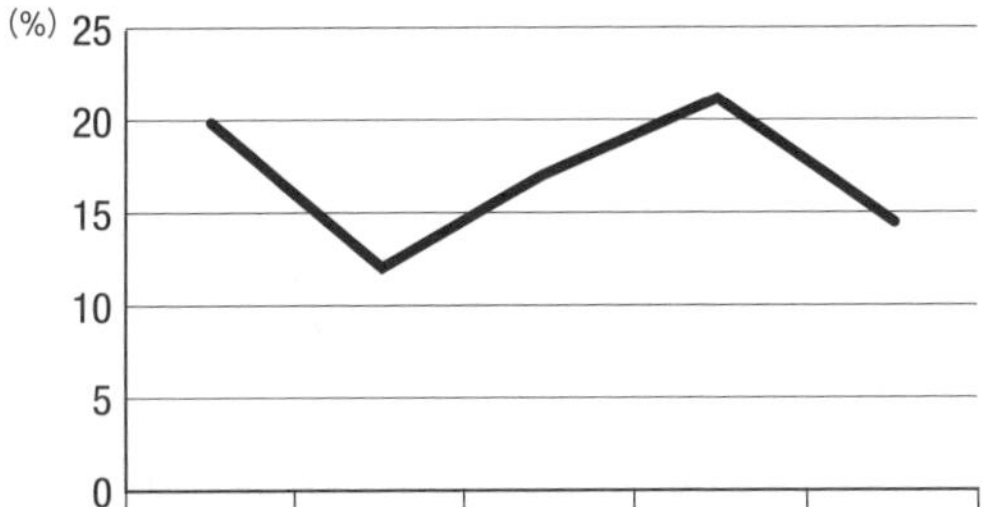

	大都市	人口20万以上の市	人口10万以上の市	人口10万未満の市	郡部
目指すべき	19.7	11.8	17.0	20.9	14.3

度を見てみると、「近所の人」への信頼度が最低だった人口10万以上の市は、その信頼度は最高となっている（表A）。

つまり、地縁の空白地帯に「新しい公共」は育ったと言える。NPOとはそもそも公助も自助も機能しないところでその真価を発揮するものであることを考えると、東日本大震災では、まさしくその機能を担ったのである。

さらに、地縁に特有の「しがらみ」がないという点に注目すると、こういった場所には新しいNPOやボランティア団体が入り込みやすい社会意識が浸透しているという利点も考えられる。3県調査のなかの「あなたは、震災後の日本はどのような社会を目指すべきだと思いますか」という問いに対し、「新しい文化や価値観を受け入れる社会」を選んだ人の割合は、高いほうから、人口10万未満の市、大都市、人口10万以上の市、郡部、人口20万以上の市となった（表C）。ＮＰＯやボランティアへの信頼度は、人口10万以上の市、人口10万未満の市、大都市、郡部、人口20万以上の市の順に高い。順番に多少の違いはあれど、上位3つと下位2つは同じ都市規模であった。ＮＰＯとボランティアに対する信頼度が高い地域において、「新しい文化や価値観を受け入れる社会」を選んだ人の割合が高くなる傾向があると言えるだろう。このような地域には、多様性を受け入れる素地がある、言い方を変えると「よそ者」を受け入れる素地があると考えられるのである。こうした地域にこそ、今後、多様性を前提とした「新しい公共」が育つ土壌があるのかもしれない。

未来篇

地元を開く
新しい公共性

歴史篇では、地元が若者の「自分らしさ」を構成する重要な要素となるまでを追うことで、「郊外の地元」が現在の若者にとって愛すべきものとなっていることを明らかにした。この歴史を知れば、B'zの楽曲で歌われているような1990年代的なガツガツした自己実現を若者に期待することは、関係性の時代、地元の時代を経た2010年代の展望としては的外れなものであることが分かるだろう。彼らの未来は、この快適な地元からはじまらなくてはならない。

そう考えて彼らを見てみると、**実は彼らは既に開かれつつある**ことが分かる。同質的であった「われわれ」を少しずつ変化させることで、彼らは**こもりつつ開ける**という、新しい社会とのつながり方を模索している。未来篇では、「ポスト地元の時代」におけるアーティストたちの新しい姿勢を紹介する（第５章)。10年代のＪポップの新しい表現が、現場では既に花開いている。扱うのは、10年代を代表するエモバンド、ONE OK ROCK とミクスチャーバンド、RADWIMPS である。続く第６章では、「新しい公共」の現実世界における実態を明らかにする。そこから導き出されるのは、**「こもっているのは実はわれわれ（大人）のほうで、地方にこもる若者たちを解き放つにはわれわれ自身が変わらなくてはならない」**ということである。今、「こもる」ということ、「外に開く」ということに関して、われわれの発想の転換が求められている。

第5章 「ポスト地元の時代」のアーティスト

安定した「大人の世界」に支えられた「古い公共」のなかに生きる若者たちのサウンドトラックが「反発の時代」のアーティストたちだったとすると、その「大人の世界」が壊れたところで再構築される「新しい公共」（2010年代前半、民主党政権のもとで唱えられた旧来の血縁や地縁に依らない新しい人的ネットワークのこと）[43]のなかに生きる若者たちのサウンドトラックは「ポスト地元の時代」のアーティストたちである。それは、1980年代と2010年代の間の「失われた20年」を経て地元にようやく「公共」が戻ってきたとも言えるし、90年代と00年代は、「古い公共」から「新しい公共」の萌芽への移行に必要な試行錯誤の時期であったとも言える。いずれにせよ、若者たちは再び「大人の世界」とつながった。

まず紹介したいのは、「ポスト地元の時代」のアーティストの代表格であるONE OK ROCK（以下、ワンオクとする）である。彼らの特色は、一言で言うと「柔軟な決断主義」である。一聴するとヒップホップ的な表現によく見られる自分の信念を貫き通す「俺さまソング」のようにも聞こえるのだが、そんな自分の思いや考えは、広い世界を見渡すと必ずしも正しい訳ではない（そもそも絶対的な「正しさ」などはないというのが彼らの立場である）。だから、試行錯誤を繰り返しながら、その都度「自分」が何か見つけていくしかない。いわば**謙虚な俺さま**なのである。

「仲間」との強固な関係から得られる全能感はヒップホップ的な表現から引き継ぎつつ、しかし、自分たちを変えることを厭《いと》わない。そんな柔軟さがワンオクの歌詞からはうかがえる。本章では、そんなワンオクを中心に、「ポスト地元の時代」のアーティストたちの表現の可能性について考えていこう。

エモの表現

地元の時代のアーティストの表現がヒップホップの影響を大きく受けていたのと同様に、

ワンオクの表現もいわゆる「ロック」とは別のジャンルの音楽から影響を大きく受けている。それが「エモ」と呼ばれるジャンルである。

エモとは「エモーショナル・ハードコア」の略で、90年代以降に普及した比較的新しいスタイルの音楽である。重めのリズムセクションに叙情的なメロディが乗っかるというスタイルで、00年代以降、マイ・ケミカル・ロマンス、フォール・アウト・ボーイなどの人気バンドを生み出した。(44) 歌詞の特徴は、いわゆるアメリカ的な「マッチョ」な男性像へのアンチテーゼであることが多く、思春期特有の悩みや情けなさが歌われる。ワンオクの楽曲は、明らかにその延長線上に位置づけられる。

未完成交響曲

まず、10年のアルバム『Niche シンドローム』に収録されている「**未完成交響曲**」（作詞：Taka、作曲：Toru/Taka）の歌詞を見ていこう。

何より、「大切なのは自分が自分である事」である。つまり、いかにして自分らしくいるかということが問題となっている。この点はこれまで見てきたアーティストと変わらないだろう。Taka のユニークな点はその方法である。

まず、「未完成さ!!　そう僕は!!」と歌われていることからも分かる通り、成長の途上にある自分のことが歌われている。さらに「生きる限り日々努力してその度に学んで七転び八起き」とくれば、B'z的な努力賛歌のようにも思えるかもしれない。しかし、この曲の主語は、「未完成なんだみんな!!」と歌われていることからも分かるように、「自分たち」なのである。この点が、主語が常に「自分」であったB'z的な世界観との大きな違いである。

その上で、自分たちが「完成」に近づくためには何が必要なのかが示される。それが、自分たちと異なる他者との出会いである。「人それぞれ違ってだからこそぶつかって…／この世に要らないこだわりなんてないから」と歌われているように、**他者とぶつかることによって自分たちが強くなる**という方向性が示される。**「当たり障りのない日々」**を**「当たり障りのある日々」へと変えていく。それによって変わりばえのしない毎日を変えていく。**これが「未完成交響曲」のメッセージである。

つまり、この曲は現状肯定の曲ではない。その意味でB'z的な世界観と同じなのだが、仲間たちを否定していないという点でB'z的な世界観とは異なっている。また、仲間たちを否定していないという点でキック的な世界観と同じなのだが、その仲間たちを異化作用によって変えていこうとしているという点でキック的な世界観とは異なっている。**「他者とぶつかり合いながら自分たちを高めていく」という、新しい世界観**を提示しているのである。

完全感覚 dreamer

10年のヒットシングル**「完全感覚 dreamer」**（作詞・作曲：Taka）でも、他者に対して開かれているTakaのアティチュードがはっきりと見て取れる。

まず注目したいのは、「あればあるで聞くが今は Hold on!」という歌詞である。後で聞くから今は黙っていてくれ、というスタンスは、基本的には人の言うことを聞くという点で、他者に対して開かれている。また、「いつだってその場しのぎの／持論や理論を織り交ぜた／自由さユニークさもなく」という歌詞を見ると、「Takaはみずからの「個性」をも否定しているようである。つまりそこで目指されているのは、その都度その都度変化していく「自分」であり、それは、まわりの環境と自分の間の化学反応のなかで生まれるものなのである。こうした柔軟さこそ、この曲で歌われる「完全感覚 Dreamer」たる「弱いようで強い僕」の秘密である。

アンサイズニア

〈答えはひとつではない〉というのがTakaの答えだとすると、そのことをもっとも的確に示した曲が、11年のシングル、「**アンサイズニア**」（作詞・作曲：Taka）である。

「この世に正解もハズレも／本当は無いハズだから」と歌われるこの曲では、「原理や理論に従って導き出す／何の変哲も無いアンサー」ではない何かが希求されている。そこで重要視されるのが、他者と自分との違いと、そこでの試行錯誤である（「僕の思う当たり前は君にとって当たり前かな？／君の思う当たり前は僕にとって当たり前かな」、「また僕は振り出しに」）。**彼らにとって、自分らしさとはこうした試行錯誤のなかで見えてくるものなのである**。

答えはひとつではないからこそ、自分たちで悩みながらいちいち見つけていくしかない。「Hello Hello!」、「Come on! Come on! You hear me?」と訴えかけるこの曲は、そのために必要な自分たちとぶつかる他者に対する呼びかけの歌でもある。

夜にしか咲かない満月

ワンオクは音楽性こそ変化するが、こうした姿勢は、07年のデビューアルバム『ゼイタクビョウ』の頃から一貫している。そのなかの「**夜にしか咲かない満月**」（作詞・作曲：Taka）は、彼らのぶれなさを理解できる一曲である。

近年の楽曲よりも攻撃的な物言いではあるが、彼らの主張は「挫折しながら強くなれ」という点で一貫している（「間違えても腐らないさ」、「間違えそうな僕らを／ひたすら照らし続けて」）。特に「嫌われて孤立するより／嫌って敵作る方が／今の今までは少し楽なんだso 思っていた」という歌詞は強力である。**自分たちが強くなるためには、居心地のいい場所は出て行かなくてはならない。これは、気の合う仲間たちと全能感を享受する地元の時代のアーティストたちへの決別の曲ともとれる**。Taka からすると、それは「くだらない互いの傷のなめ合い」で、そこにとどまることは「ウソだらけのこの街」で朽ち果てることを意味するのである。

こうしたメッセージが若者たちの熱狂的な支持を得ていることは（「完全感覚 Dreamer」は YouTube で2013年4月の時点で1500万回を超える再生回数である）、**一部の若者の**

間で、〈試行錯誤する自分らしさ〉という新しい〈自分らしさ〉のモードが受け入れられつつあることを示している。それは、BOØWYの提示した「反発する」自分らしさとも、B'zの提示した「努力する」自分らしさとも、ミスチルの提示した「二者関係のなかで生まれる」自分らしさとも、キックの提示した「地元仲間のなかで生まれる」自分らしさとも違う、新しい自分らしさのあり方である。

おしゃかしゃま

「ポスト地元の時代」を代表するアーティストとして、もう一アーティスト、紹介したい。RADWIMPS（以下、ラッドとする）である。ラッドは01年に結成された4人組のバンドで、結成当時高校生だった野田洋次郎のカリスマ的な存在感で若者に絶大な人気を誇っている。

ラッドに関しては、1曲、紹介すれば十分だろう。09年のアルバム『アルトコロニーの定理』に収録された「**おしゃかしゃま**」（作詞・作曲：野田洋次郎）である。

「おしゃかしゃま」はシングルカットされた楽曲ではないがとても人気が高く、YouTubeの再生回数は2013年4月の時点で1400万回を超えている。それだけ若者たちの支持を集めている曲であるが、曲の内容は極めてシリアスなものである。

まず注目すべきは、「もしもこの僕が神様ならば　全てを決めてもいいなら／7日間で世界を作るような　真似はきっと僕はしないだろう／きっともっとちゃんと時間をかけてまた　きちっとした計画を立てて／だって焦って急いで　作ったせいで　切って張って作って壊して」という歌詞である。

かつてJポップでこれほどまで直接的に社会システムの構築の重要性が説かれたことがあっただろうか。30年前、若者たちは自分を押しつぶしてくる社会に対して、それを壊そう、またはそこから逃れようと声を張り上げていたのである（BOØWYの歌詞を思い起こしていただきたい）。また社会が不安定化した後も、若者たちは、自分だけ勝ち残ろうとしたり、社会から背を向けて「キミとボクの世界」にひきこもったり、快適な地元で永遠のモラトリアムに浸ろうとしていた（それぞれ、B'z、ミスチル、キックの歌詞を思い起こしていただきたい）。そういった状態から考えると、大きな変化である。**もはやここに「反発」や「努力」や「関係性」といったかつての若者たちを支えていた「自分らしさ」はない。あるのは壊れてしまった社会とその前で呆然と立ちすくむ彼らの姿である。**

それでは、野田はどういった解答を用意しているのか。さらに歌詞を見ていこう。「何を言ったって　何をやったって　ダメだダメだって言うんだ」と、自分たちの言うことに耳を貸さない大人たちを批判した後、最後に訴えられるのは、「上じゃなくたって　下じゃなくたって　横にだって道はあんだ」ということである。

「上」でも「下」でもなく「横」に行く。この部分だけを見ると、仲間同士でゆるく生きていく「地元の時代」のアーティストと同じく見えるかもしれない。しかし、彼らの言う「横」は、もっと厳しいものであることは、先に見た「きっともっとちゃんと時間をかけて　また　きちっとした計画を立てて」という歌詞からも分かる。**そこに予定調和の「甘さ」はない。先に見たワンオクと同じく、目指されているのは「試行錯誤する自分らしさ」だと言えるだろう。**

若者はおとなしくなったのか？

ラッドやワンオクの歌詞を見ていると、特に年配の人を中心に「えらく真面目なことを歌うのだな。最近の若者はおとなしくなったのか？」と感じることもあるかもしれない。

かつては既存の秩序を破壊することこそ、若者の役割とみなされていた時代もあった。特に「ロック」という表現においては、「反社会的」であるということが、その優劣をはかる際の重要な指標となっていた[45]。

しかし、そうした指標自体が社会変動の結果、無効化しつつあることは、繰り返し見てきた通りである。**もはや若者たちに、そこから外れなくては生きていけないほどに強力に画一的な生き方を押しつけてくる「完成された社会」はない。しかしそこでは、「好きに生きていい」と言いつつ「自己責任」の名のもと若者たちをほったらかしにしている現実がある。その状況を打開すべく生まれつつある「新しい公共」は、まさしく、ポスト地元の時代のアーティストたちのような姿勢を必要としており、だからこそ、「新しい公共」の担い手である若者の共感を得るのであろう**(46)。

小括

ここまでの議論をまとめよう。Ｊポップは、80年代の反発の時代（ＢＯØＷＹ）から90年代の努力の時代（B'z）、関係性の時代（ミスチル）を経て、地元の時代（キック）へと突入した。そして現在、「ポスト地元の時代」（ワンオク、ラッド）へと入りつつある。

80年代のナルシシズムのまどろみから目覚めた90年代の前半は、若者たちにとって不安定な社会のなかで生き抜くことを試みる「努力の時代」であった。90年代の後半、それに疲れた若者たちは一気に二者関係へと引きこもっていく（「関係性の時代」）。そして00年代

図5　Jポップの変容

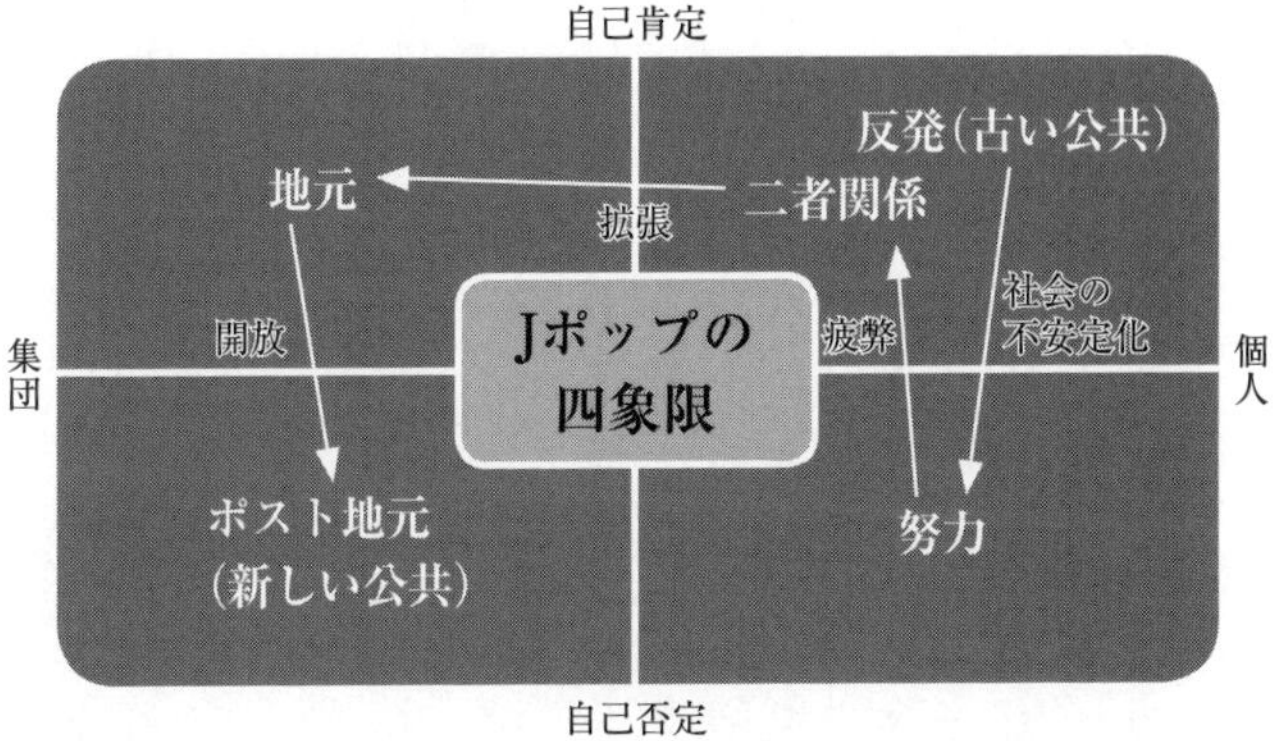

の前半、モータライゼーションの完遂によって地元が快適なものとなったのに伴い、その関係性が「地元仲間」にまで拡張され、「地元の時代」へと突入する。そしてそれが「われわれ」を変化させることで再び社会へと自らを開いていく「ポスト地元の時代」へと切り替わりつつあるのが現代である。

それぞれの時代を、「自己肯定（ありのままの自分でいい）—自己否定（自分は変わらなくてはならない）」の軸と「個人—集団」の軸と組み合わせて整理すると、**図5**のような四象限ができあがる。「自己肯定／個人」に対応するのが反発の時代、二者関係の時代、「自己否定／個人」に対応するのが努力の時代、「自己肯定／集団」に対応するのが地元の時代、「自己否定／集団」に対応するのが「ポスト地元の時代」の音楽である。ここでは時系列で示してあるが、Ｊポップの四象限は、今のＪポップを類型化するうえでも有効なものとなるだろう。

(43) ２０１０年、鳩山由紀夫首相の所信表明演説に基づき、民主党政権のもとで開催された「新しい公共」円卓会議の「新しい公共」宣言（２０１０年6月4日、内閣府のホームページから閲覧可能）では、「新しい公共」とは「人々の支え合いと活気のある社会。それをつくることに向けたさまざまな当事者の自発的な協働の場」であり、「これは、古くからの日本の地域や民間の中にあったが、今や失われつつある『公共』を現代にふさわしい形で再編集し、人や地域の絆を作り直すことにほかならない」とある。民主党政権は交代したが、「新しい公共」の意義までもが失われたわけではない。その意味で、この本は、「新しい公共」が今後いかにして「現代にふさわしい形で再編集」されるのか、若者たちの知恵に学ぼうとするものでもある。

(44) マイ・ケミカル・ロマンスはアメリカのニュージャージー州出身のバンド。２００７年のコンセプトアルバム『ザ・ブラック・パレード』の大ヒットにより世界的なビッグバンドとなった。２０１３年に解散。フォール・アウト・ボーイはアメリカのシカゴ（の郊外）出身のバンド。エモ・シーンを牽引する人気バンドでゴシップも数多く、アイドル的な人気を博している。

(45) ロックミュージック研究の第一人者である社会学者の南田勝也によると、ロックミュージック文化の三つの指標は、〈アウトサイド〉指標と〈アート〉指標、〈エンターテイメント〉指標である（南田２００１：10－39）。

(46) ポスト地元の時代の「新しい公共」を社会思想史的にたどっていくと、トクヴィルの「結社」概念に行き着く。トクヴィルはアメリカにおいて「発足するのも発展するのも諸個人の意志次第である結社が無数にある」（トクヴィル２００５：38）ことを発見する。「公道に障害ができ、通行が遮断《しゃだん》され、交通が止まったとする。住民はすぐに集まって相談し、この臨時の会議体から執行権ができて、災害を復旧してしまうであろう。関係者が集まる以前から存在するなんらかの機関に頼ることを誰かが思いつくのは、その後である。娯楽に関しても、祭りを一層華やかにし、秩序立って行なうために彼らは相談し合う」(同：39)。こうした市民の姿は、非流動的で土着的、排他的な「地域コミュニティ」とは相容れないものである。トクヴィルを読んでいると思うのは、日本がここまで来るのにえらく時間がかかったなということである。『アメリカのデモクラシー』は180年近くも前の著作なのだ。

第6章 新しい公共性のゆくえ

不安定化した社会で生き抜くためにはどうすればいいのか。そこで求められる「新しい公共」において必要とされるのが、「ポスト地元の時代」のアーティストたちの姿勢であることを前章では見てきた。彼らのベースにあるのは、**他人のことは分からないという前提**である。だから、分かり合うことは骨の折れることだということを知っている。しかし彼らはそれに挑戦している。本章では、こうしたアーティストたちの姿勢が、現実世界における「ポスト地元の時代」を生きる若者たちにどの程度まで共有されているか見ていきたい。

そこで紹介したいのが、たびたび取り上げる2012年におこなった大規模な全国調査

表5　みんなで議論するよりも有能な指導者に任せたほうが社会はよくなるか？

年齢	総数（人）	そう思う	そう思わない
20～29歳	118	**28.0**	**72.0**
30～39歳	172	37.2	62.8
40～49歳	219	28.3	71.7
50～59歳	205	29.8	70.2
60～69歳	260	21.9	78.1
70～79歳	196	28.6	71.4

（「東日本大震災からの復興に向けた総合的社会調査」、単位は％）

（「東日本大震災からの復興に向けた総合的社会調査」）である。「新しい公共」に必要とされる重要な要素は、自分とは異なる他者との対話であるが、それがどの程度支持されうるかをはかるには「みんなで議論するよりも有能な指導者に任せたほうが社会はよくなる」という考え方に対する反応を見ることがうってつけだろう。結果は**表5**の通りになった。

これだけを見ると、特に若者だけが「みんなで議論するよりも有能な指導者に任せたほうが社会はよくなる」という考え方に否定的だとは考えづらいだろう（団塊世代の反権威主義的な志向とそれと真逆の団塊ジュニア世代の権威主義的な志向は特筆すべきだが……）。しかし注目すべきは、これに男女という変数を組み込んだときである（**表6**）。

20代の男性は全世代の男女のなかで（一番目と僅差で）二番目に「みんなで議論するよりも有能な指導者に任せたほうが社会はよくなる」という考え方を支持しており（ちなみに

表6　「みんなで議論するよりも有能な指導者に任せたほうが社会はよくなるか？」に関する男女差

年齢		総数（人）	そう思う	そう思わない
男性	20～29歳	54	**40.7**	**59.3**
	30～39歳	76	40.8	59.2
	40～49歳	95	31.6	68.4
	50～59歳	104	26.0	74.0
	60～69歳	125	23.2	76.8
	70～79歳	104	25.0	75.0
女性	20～29歳	64	**17.2**	**82.8**
	30～39歳	96	34.4	65.6
	40～49歳	124	25.8	74.2
	50～59歳	101	33.7	66.3
	60～69歳	135	20.7	79.3
	70～79歳	92	32.6	67.4

（「東日本大震災からの復興に向けた総合的社会調査」、単位は％）

トップは団塊ジュニア世代の男性である）、一方、20代の女性は全世代の男女のなかでもっともそうした考え方を支持していない。**つまり、20代の女性は「みんなで議論すること」に対して極めて肯定的な姿勢を示しているのに対し、20代の男性は真逆の姿勢を示しているのである。現在の若者は、男性は極めて権威主義的であり、女性は極めて反権威主義的な傾向があると考えられる。**もちろん「新しい公共」は、後者のなかでこそ育つものである[47]。

それでは、こうした男性たちを対話の方向へともっていくためにはどうすればよいのか。このことを考えるには、私が以前論じた現在の若者たちの人間関係の傾向に関する考察が役立つだろう（『労政時報』ウェブサイト上の連載「実践！職場で居場所づくり」[48]）。それは、①現在の若者たちは多様化する人間関係のなかで、ハイポコミュニカティブ（Hypocommunicative：**過小**にコミュニケーション志向の）な層とハイパーコミュニカティブ（Hypercommunicative：**過剰**にコミュニケーション志向の）な層に二極化している、②スクールカーストにおいてその頂点に立つ「ギャル」と呼ばれる女性たちのマネジメントにこそ、内にこもっている若者を外に引き出すコツを導く鍵がある、というものである。

本章では、この視点から議論を進め、最後に私たち大人が考えなくてはならないことを示したい。それは、**実はわれわれこそ、「地方にこもる若者たち」より開かれていないかもしれない**ということである。

1．二極化する若者たち

変化するバイト先の風景

普段、私は大学で教えているので、大学生の「バイト先」の話を聞く機会が多いのだが、現在の学生のバイト先の職場の様子は、1990年代に大学時代を過ごした私のころとはずいぶん変化している。それは一言で言うと、職場を構成している人々の多様性の高まりである。

私の学生時代を思い出すと、バイト先のファストフード店で働いているのは、多くが年齢層も同じくらいで境遇も似ている人たちだった。つまり、学生のバイト先には学生が多かった。

ほかにいるとしても主婦パートだが、彼女らは学生たちとは入る時間帯が異なる。その結果、主婦は昼間のシフト、夕方以降のシフトは学生たちで占められるといったことが多かった。学生同士なので、大学のサークルの延長線上のような感じで、割と楽しくバイトをしていた。

しかし、今の大学生たちの話を聞いていると、だいぶ様子が違う。まず、自分たちより年齢層がちょっと上の人が多い。これは、(元祖)就職氷河期世代である70年代生まれのいわゆる「ロストジェネレーション」のフリーターたちが非正規労働市場に滞留しているためである。また、リタイア後、またはリストラされた中高年もいる。さらに最近は外国人も増えた。それに対し少子化の影響で学生は少ない。働いていても「気の合う人が少ない」とぼやく学生の話をよく聞く。

私のころと比べ、職場が同質的なものでなくなってきている。それが、今の学生たちのバイト先の現状である。つまり、職場の状況を見ると、昔の学生よりも今の学生のほうが、多様性のなかでもまれていると言うことができる。

KYという言葉

もうひとつ、若者たちが多様性の高い集団のなかで生きていることを示すものとして、一時期流行した「KY」という言葉に注目したい。これは「**空気（K）を読めない（Y）**」という意味で、「○○はKYな奴だ」といったふうに使われる。

それを見て、年長の世代が「最近の若いもんは人の目ばかり気にしてオリジナリティが失われている」と批判する——そんな「若者批判」が00年代の中ごろにはよく聞かれた。

そう批判する人は、たとえば会社で元気のない若い部下をもつと、〝空気を読まず、新しいことを提案しなさい。KYな奴になれ〟なんてことを言いながら叱咤激励することもあるかもしれない。しかしそれでは、「KY世代」の若者たちの心をつかむことはできないだろう。そんなオジサンと彼らの間では「空気」の見え方がまるで違うからである。

結論から先に言うと、**彼らの周りには分かりやすい「空気」がない**。だからこそ、集団でいるときに「空気を読む」ことが重要になってくるのである。

かつて、若者を含む集団が均質な成員で構成されている状態では、「空気」は常に一定なものとしてあった。だから、「空気を読む」なんてことはしなくてもよかった。しかし、**集団の多様性、異質性が高まると、「空気」の恒常性が失われる**。すると「空気を読む」ことが必要となってくる。

言い方を換えると、彼ら（若者たち）は、放っておけば「KY」になってしまう。これが、放っておけば自然と空気の読み方が身に付いていた上の世代と決定的に異なる点である。上の世代の「ＫＹ」とは、はじめから「空気を読んだうえでのＫＹ」であって、それは実は空気を読んでいる。問題は、そもそも空気が読めなくなってきている、という点にある。だから、上の世代が若者に対して「ＫＹであれ！」と言っても、彼らからしたら、「空気読むだけで精一杯なんだよ」と言いたくなるわけである。

つまりこういうことである。

①集団の成員の多様性の高まりにより、**「空気を読む」ことは次第に困難になりつつある。**
②だから、若者たちは**「空気を読む」ことに必死になる。**
③すると**「空気を読める」人間が優れているということになる**（均質な集団では放っておけば空気は読めたわけだから、その人が優れていることにはならない）。
④その裏返しとして**「ＫＹ（空気を読めない）」が蔑称として使われるようになる。**

今の若者は、多様性の高まった、「決まった空気」がない状態を生きている。まずは、このことを理解しなくてはならない。(49)

多様性への対応

さて、そんな多様な集団のなかに放り込まれたとき、人はどう対応するだろうか。ここで、多様性への組織の対応の4段階を確認しておきたい。これは、谷口真美がまとめている「ダイバシティ（多様性）・マネジメント」である。(50)

第1段階　抵抗　違いを拒否する　〈抵抗的〉
第2段階　同化　違いを同化させる・違いを無視する　〈防衛的〉
第3段階　分離　違いを認める　〈適応的〉
第4段階　統合　違いをいかす・競争優位性につなげる　〈戦略的〉

これは、個人の対応にも適用することができる。「抵抗」と「同化」は違いを認めない段階、「分離」と「統合」は違いを認める段階である。このうち、「分離」は違う者同士互いに干渉し合わないものであるのに対し、「統合」は違う者同士がぶつかり合い落としどころを探っていくというものである。

結論から先に言うと、今の若者たちは「分離」の段階でハイポコミュニカティブ（**過小**にコミュニケーション志向）な人と、「統合」の段階でハイパーコミュニカティブ（**過剰**にコミュニケーション志向）な人とに二極化していると私は見ている。

ハイポコミュニカティブな若者は、地元の友人や家族など、同質性の高い集団への帰属意識を高める。勘の鋭い人はお気づきだろうが、**これはまさしく、第４章のミスチルやキックの節で見てきた、閉じた関係性に執着する若者たちの姿である。戦後日本を支えていた超安定社会が崩れ社会が不安定化すると、その社会の成員は流動化し、他者の不透明性が高まる。そこで若者たちは同質的な人間関係に安住しようとするのである（モータライゼーションは、それを物理的に可能にするものであったとも言える）。そしてそれは、先に見た全国調査において、若い男性に顕著に見られた姿と適合する。**

一方、積極的に他者に開けていこうとするハイパーコミュニカティブな若者もいる。**彼らがもつのは、第５章で見てきた「ポスト地元の時代」のアーティストたちと同じ姿勢である。他者の異質性を受け入れたうえで、対話を通して「われわれ」をも変化させていくという姿勢をもつ若者たちである。それは、先に見た全国調査における若い女性に顕著に見られた姿と適合する。**

以下では、ハイポコミュニカティブな若者たちを対話の方向にもっていくために必要なことを明らかにするため、「ギャル」というトライブ（種族）のコミュニケーションの特徴に注目したい。

2. ギャル的マネジメントに学ぶ

現代のギャル

「ギャル」と聞いて、何を思い浮かべるだろうか。

30歳代後半以上の人なら、ディスコ、バブル、ワンレン（ワンレングス）、ボディコン、オールナイトフジのイメージ。『シティハンター』で獠《りょう》ちゃんが鼻血を出しちゃう「セクシーギャル」のイメージだろうか。その後に「コギャル」なんていたな、なんて思い出す人もいるかもしれない。ルーズソックス、プリクラ、ガングロのイメージ。安室奈美恵の真似をする「アムラー」のイメージだろうか。

ギャルは80年代の女子大生ブーム、コギャルは90年代の女子高生ブームの象徴だった。しかし大学では、今でも学生たちの間で「あの娘、ギャルだから」とか「えー、ギャルじゃないよー」といった会話を頻繁に耳にする。ギャル？　ひょっとしてエイティーズ・リバイバルか？　と、その話題の対象となっている子を見ると、ボディコンでもワンレンでもない。ギャルという言葉は、コギャルを挟んで80年代の元祖ギャルたちを知らない今の若者たちの間では、まったく違う対象を指す言葉として使われているようだ。

それでは、現在の若者たちの言う「ギャル」とはどのようなものか。学生たちの話を聞いていると、外見に関しては、だいぶん判別できるようになった。長いまつげと派手な化粧。彼らが「ギャル服」と呼ぶものは、コギャルの延長線上にあるものではある。しかし、私としては「ああ、こんな子、街中や芸能人にいるな」という程度のもので、80年代や90年代の「(コ)ギャル」とは違い、とりわけ奇抜な印象はうけない。

それよりも私が驚いたのは、彼女たちに対して学生たちが抱いている印象だった。まず、みんな口々に「ギャルはこわい」と言う。学生にファッションに関するフィールドワーク(学内でインタビュー調査や観察調査をする)をさせると、「ギャルはこわくて、なかなか話しかけられない」とギャルファッションの情報が集まりにくい。これはどういうことなのだろうか。

ギャル=ヤンキー?

私が最初に立てた仮説は、「ギャル=ヤンキー」説だった。つまり、男の子が弱くなって女の子が強くなったので、集団（クラス）をギャルが仕切るようになる。いわゆる「スクールカースト」の上位にヤンキーに代わってギャルが君臨するようになったのではというものだ。

確かにギャルは見た目からして威圧的に見える。そこで私が、「そうだよね。先生のころも『ヤンキー』っていうのがいてクラスを仕切ってたから、すごく嫌だった」と言うと、学生たちは、半分納得しているが、半分納得していない顔をしている。「何で?」と聞くと、「仕切ってたけど、嫌じゃなかった」と言う。さらに、「こわい」ということに関しても、向こうが元気よすぎてこちらが威圧されるから、とのこと（特に男子学生）。ギャルの「こわさ」は、どうやらヤンキー的な「こわさ」とは異なるようなのだ。

しかし、「仕切られる」わけだから、そこは嫌なのではないか。けれど、学生たちはそこにも嫌悪感を抱いている様子はない。むしろ「文化祭とかのときは助かる」と言う。さらに「先生にも重宝されていた」なんてことまで言う。つまり、彼女らは「ヤンキー」とは違ったかたちでクラスを仕切っていることになる。

私はここに、多様化する現代社会のなかで「空気を読む」ことに疲れ、ハイポコミュニカティブの状態になってしまっている若者たちを活性化させるヒントが隠されている、とにらんでいる。ポイントは「ヤンキー的マネジメント」と「ギャル的マネジメント」の違いである。

ヤンキー的マネジメントとギャル的マネジメント

私の中学高校時代は、ヤンキー全盛の時代だったので、クラスを粗暴な男の子たち＝ヤンキーたちがその乱暴さでもって自らの世界観を押し付けるかたちで仕切っていた。この仕切り方を「ヤンキー的マネジメント」と呼ぼう。それに対し、ギャルがクラスのなかの多様性を尊重しつつまとめあげていく仕切り方を「ギャル的マネジメント」と呼ぼう。

「ヤンキー的マネジメント」と「ギャル的マネジメント」との違いは、先に挙げたダイバシティ・マネジメントにおける「同化」（違いを同化させる・違いを無視する）の段階と、

「統合」（違いをいかす・競争優位性につなげる）の段階の違いとしてまとめることができる。

そして、「ＫＹ（空気を読めない）」を極端に嫌う今の若者たちは、一見「おとなしい」ように見えるが、「同化」と「統合」の間の「分離」（違いを認める）の段階にいる可能性が高い。つまり、他人のことは分からないという前提をもち、だからこそ、それぞれが異なる周りの様子をうかがっていると考えられる。これは、流動性、多様性の増す現代社会においては当然の適応戦略である。そんな「おとなしい」若者を「分離」から「統合」の状態へとステップアップさせるためには、多様な意見をぶつかり合わせ、議論させ、彼ら自身で解決策を見出させなくてはならない。

物足りなさを引き出す「聞く力」

しかし、いざ、若者たちを集めてテーブルにつかせ、議論をさせようとしても、彼らは異なるグループの間で議論をしている「ふり」をするだけかもしれない。これを偽りの統合、「偽統合」と呼ぶ。「偽統合」の状態にとどまっている限り、若者は「分離」の段階にある。

彼らが意見をぶつかり合わせ、議論をしないのは、彼ら自身、相手は自分と違うということを認識はしていても、自分と違う人たちとどうぶつかるか、その方法を知らないためである。そこで注目したいのが、「ギャル的マネジメント」を経験した「分離」の段階にあるクラスメイトが感じるような「分離」状態への「物足りなさ」の感覚である。

周りの空気をうかがって自分の意見は言わないという「分離」に慣らされている状態では、それで満足しているわけだから、人はなかなか「物足りなさ」を感じることはできないだろう。**その状態を「物足りない」と感じるためには、「統合」の状態が実現可能であると、彼ら自身が実感しなくてはならない。そうしてはじめて、「分離」の段階で「物足りなさ」を感じることが可能となるのである。**

そのために必要なこと、それは、彼らの話を聞いてあげることである。**大学生たちに中学時代、または高校時代にクラスをまとめ、尊敬を集めていたギャルの特徴を聞くと、そのひとつとして「話をちゃんと聞いてくれる」という点が挙げられた。しかも、それにともなって自分たちの意見を変えることも厭《いと》わない。謙虚で話をちゃんと聞きながらクラスをまとめ上げてくれるギャルは本当の意味で「頭が良く」、信頼されていたとのことだった**（一方、尊敬されないギャルとはうるさいだけで、一方的に自分のやりたいことを押し付けてくる「ヤンキー」タイプのギャルであった）[51]。

つまり、**尊敬されるギャルのクラスのまとめ方の秘訣は「人の話をきちんと聞く」という、一見、当たり前のように思えることであった。**それが、おとなしい若者たちをぶつからせること、つまり「分離」の段階から「統合」の段階へと引き上げることへとつながっていくのである。

その実例を見てみたいなら、若者たちがこれほど多様化するなかでも「まとまってい る」と言われている中学や高校のクラス、または大学のゼミを見に行くといいだろう（見に行くことができないなら彼らの話を聞くだけでもいい）。**そこには、お互いが別々の世界に住んでいる「島宇宙化」（宮台真司）したクラスやゼミからもう一歩先に行った新しい世界が広がっている。そしてその「空気」をつくっているのは、たいていは「聞き上手」なリーダーたちの存在なのである。**

3. われわれは変われているか？

以上、現在の若者たちの傾向である、ハイポコミュニカティブな層とハイパーコミュニカティブな層への二極化とそのなかにおけるギャルの役割の重要性について見てきた。これは、最初に見た調査結果とも対応している。そこでは、ハイパーコミュニカティブな層は女性に、ハイポコミュニカティブな層は男性に顕著な傾向が見られたのだが、だからこそ、ギャルがヤンキーに代わってスクールカーストの頂点に立ったと考えられるのだ。今後、彼女らが「地方にこもる若者たち」を外に向かって開くポテンシャルをもっていることは明らかである。

彼女らの特徴は、**第一に身近な人間関係の多様性に意識的だということである。だから、同質的な仲間集団に対する愛着心は強い（だからギャルはギャル同士でつるむ）。**しかし、これだけでは、世界の多様性、異質性をおそれて社会に背を向ける「俺さま」系の（「分離」の状態にある）若者と変わらない。彼女らの特徴のふたつめは、**そのうえで、異質な他者とのコミュニケーションのチャンネルを確保しているという点である。**これは、「統合」と呼ばれるもので、極めて高度なコミュニケーション能力が必要とされるものである。

彼女らは、自らの所属集団を大切にしつつ、人の話もよく聞くという意味で、前の章で見た「ポスト地元の時代」を象徴するアーティスト、ワンオクと同じく、「謙虚な俺さま」と呼ぶことができるだろう。**現実世界における「謙虚な俺さま」は、圧倒的に女性が担っているのである。**

ここで、前半の倉敷市でのフィールドワークとも話がつながってくる。われわれはそこで、地方の生活に満足し、そこにこもる若者たちを見てきた。「昔の若者はもっと元気だった」と考える年長の人たちからすると、その姿は若者の「退行」のように見えるかもしれない。しかし、ここまでの話をふまえると、**現在こもっている彼らは「同化」ではなく「分離」の段階にある若者たちかもしれない。つまり、社会の多様性を認識したうえで「こもる」という選択肢を選んでいるのかもしれない。その意味で、彼らは既に「統合」に向けた準備ができていると言えるかもしれない。**

そう考えると、準備ができていないのは、「こもってないで外に出ろ」と声高に叫ぶような、社会の多様性に鈍感で未だ「同化」の段階にある「大人」たちかもしれないという疑念が生じてくる。つまり「大人」は、彼ら若者と本当に「対話」をする気があるのか、ということである。大人たちは議論をした気になっているだけなのかもしれない[52]。一部、こもる状態からの脱却を試みる若者がいたように、彼らが地域社会にみずからを開き「新しい公共」の担い手であろうとしたとき、つまり「分離」の段階から「統合」の段階へと移行しようとしたとき、「大人」たちは彼らのしようとしている対話の芽をつんでしまいはしないだろうか。大人たちは「ギャル的マネジメント」において示された「人の話をよく聞く」という態度で臨めるのだろうか。

実は、「大人」たちは「こもっている」彼らより開かれていないのかもしれない。彼らの姿を通して、「大人」たちは今一度自分たちのことを見直す必要があるだろう。社会に生きる人々の多様性を認識していないならば、大人たちは未だ「こもる」状態にすら達していないのである。

表⑨

性別	総数（人）	そう思う	そう思わない
男性	54 100	22 40.7	32 59.3
女性	64 100	11 17.2	53 82.8
合計	118 100	33 28.0	85 72.0

（上段は実数、下段は%、χ^2値は8.065、5%水準で有意とみなすことができる）

表⑩

年齢	総数（人）	平均値
20〜39歳	292	2.29
40〜59歳	425	2.36
60〜79歳	457	2.41
合計	1174	2.36

（20〜39歳のグループと60〜79歳のグループ間の平均の差を検定したところ、t値＝－1.959となり5%水準で有意であった）

(47) 「20歳代の男女×『みんなで議論するよりも有能な指導者に任せたほうが社会はよくなる』と思う／思わない」でクロス表を作り直すと、**表⑨**の通りになった。男女間の差が十分にあることが分かる。

(48) 「実践！職場で居場所づくり」http://www.rosei.jp/jinjour/list/series.php?ss=3015

(49) このことを量的な調査で明らかにできないだろうか、というわけで、先程から繰り返し紹介している2012年におこなった大規模な全国調査（「東日本大震災からの復興に向けた総合的社会調査」）において設けた質問項目にある「たいていの人は信用することができる」という考え方に対する回答を世代別に検討してみた。社会の多様性が高まり、他者が不透明なものとなれば、「たいていの人は信用することができる」という状態は傷つけられずにいられないだろう。回答の「そう思う」、「どちらかといえばそう思う」、「どちらかといえばそう思わない」、「そう思わない」を順に4点、3点、2点、1点として各世代の平均値を求めると、**表⑩**のようになった。

若い世代ほど、「たいていの人は信用することができる」という考え方に対して拒否感を示していることが分かる。時代による他者の不透明性の高まり＝社会の多様性の高まりに対する感度の強まりを示す結果と言えるだろう。

(50) 詳しくは、谷口（2005）を参照。

(51) メディア等で面白おかしく表象される「ギャル」とは、まさしくこうした「うるさいだけで人の話を聞かない」タイプのギャルだろう。私はこうした表象から抜け落ちているものに注目したい。ギャルやヤンキーがスクールカーストの頂点に立つ存在であるとすれば、当然、「尊敬されるギャル」や「尊敬されるヤンキー」もいるはずで、私は彼らがなぜ尊敬されているのか（尊敬されていたのか）という理由についての比較をしているのである。

(52) そう考えると、175〜176ページで見た全国調査の結果も見直さなくてはならないかもしれない。問いは、「みんなで議論するよりも有能な指導者に任せたほうが社会はよくなる」という考え方に対する意見を聞いているのだが、そこで言われている「議論する」が何を意味しているかは、各世代で違いがあるだろう。年長者の言う「議論」とは、多様性を前提としない単なる「馴れ合い」のことかもしれない。

歴史篇・未来篇のまとめ

第4章　地元が若者に愛されるまで

1　1980年代、若者の自分らしさとは社会への「反発」により担保されていた。彼らにとって地元とは、退屈な日常を象徴するものであり、魅力的なものではなかった。

2　1990年代、規制緩和にともなう地域社会の空洞化や管理教育の見直しは、若者たちの反発すべき「敵」であり生きていくうえでの前提であった「大人の世界」の安定性を掘り崩すこととなる。そのような社会において、若者の自分らしさは、夢を叶えようと努力することにより獲得されるものとなった。

3 しかし、努力の称揚は容易に競争の称揚に結びつき、競争は「勝ち組」と「負け組」を生んでしまう。そこで若者たちは、「人と人との関係性」によって自分のアイデンティティを確保する方向へと向かった。

4 2000年代、モータライゼーションの完遂は「世界から自分たちを守ってくれる楽しい地元」を出現させた。地元は「大人の世界」から「若者の世界」へと変貌し、「不安定な世界を生き抜くための人間関係」は恋人同士のような二者関係から地元仲間にまで拡張された。

第5章 「ポスト地元の時代」のアーティスト

1 2010年代、「ポスト地元の時代」のアーティストは、「他人のことは分からない」という前提をもちながらも「他人とぶつかり合いながら自分たちを高めていく」という新しい世界観を提示し、「他者との出会いのなかで試行錯誤する自分らしさ」という自分らしさの新しいモードを生み出した。

2 社会の安定性の崩壊は、画一的な生き方の押しつけから若者を解放したが、同時に、必要不可欠な公共性さえをも喪失させてしまった。この状況を打開するための「新しい公共」の構築には、「ポスト地元の時代」のアーティストに見られる姿勢が求められている。

1 流動性・多様性の増す現代社会において、若者たちは、「分離」(違う者同士互いに干渉し合わない)の段階のハイポコミュニカティブ(過小にコミュニケーション志向の)な傾向と、「統合」(違う者同士がぶつかり合い落としどころを探っていく)の段階のハイパーコミュニカティブ(過剰にコミュニケーション志向の)な傾向とに二極化していると考えられる。前者は男性に、後者は女性に強く見られる傾向であるが、これらはともに他者の違いを認めるものである。

2 「ギャル的マネジメント」とは、身近な人間関係の多様性に意識的で、同質的な仲間集団に対する愛着心は強いながらも異質な他者とのコミュニケーションを厭わず、謙虚に集団をまとめあげていくような仕切り方のことを指す。これは、「分離」から「統合」の段階へとステップアップするのに必須な資質であり、つまりは内にこもる若者を外に引き出すコツを導く鍵であり、「新しい公共」の構築への鍵である。

3

現在「こもっている」若者は、「同化」ではなく「分離」の段階にあるのではないか。社会の多様性を認識したうえで「こもる」という選択をしているのであれば、彼らは既に「統合」に向けた準備ができていると言えるかもしれない。そう考えると、準備ができていないのは「こもってないで外に出ろ」と声高に叫ぶような、社会の多様性に鈍感で未だ「同化」の段階にある「大人」たちではないか。「新しい公共」が社会の多様性を前提とする「統合」によって構築されるのであれば、「同化」の段階にある大人たちより彼らのほうが「新しい公共」に近い場所にいると言えるだろう。

コラム5

『ジャイアント・キリング』に見る新時代のマネジメント

『GIANT KILLING』[*1]（以下、『ジャイキリ』とする）は、サッカーの弱小チーム、ETU（East Tokyo United）を、主人公であるイギリス帰りの監督、「タッツミー」こと達海猛《たつみたけし》が強くしていくというストーリーのサッカー漫画である。アニメになってNHK・BSで放送されたりして、[*2]大変人気もある。このタッツミーの選手との向き合い方に、多様性をいかした新しい時代のマネジメントの手法を学んでいこう。

まず、タッツミーの立ち振る舞いから注目してみる。タッツミーはかなり細身で髪も長く、おしゃれでカジュアルな格好をしている。この点からして、これまでの「スポ根漫画」との違いを感じさせる。「男らしさ」はあまりなく、雰囲気もゆるい感じ。どことなく中性的な雰囲気を漂わせている。物語は、そんなタッツミーが東京の下町のチーム、ETUへ監督として入団してくるところから始まる。

いわゆる「体育会系」で上下の関係に厳しいETUの選手たちは彼の登場に戸惑い、反発する。ETUのチームリーダーは、守備的MF（ミッドフィルダー）の村越茂幸。「コシさん」と慕われる村越は32歳で、チームのまとめ役を引き受けている。彼を慕うDF（ディフェンダー）の黒田一樹、通称「クロ」は28歳。主にこのふたりが「古いETU」を引っ張る存在として描かれる。

コシさんとクロがリーダーシップをとる練習は、分かりやすく「体育会系」で、全員が同じメニューの練習をひたすら繰り返すというものだった。監督就任後、タッツミーはまずその練習方法から変えていく。

タッツミーは、思い思いに練習をする、いわゆる「自主練」を選手たちにさせる。指示されることに慣れていた選手たちは何をすればよいか分からず、戸惑ってしまう。

クロは元のやり方に戻そうとするのだが、それに若い攻撃的MF、赤崎遼（ザッキー）が反発する。若手とベテランの対立が起こり、口論が始まる。チームの雰囲気は悪くなるが、両者が折れ合うことで、何とか練習は続けられる。

その間、タッツミーが何をしているかと言うと、ただ陰でこっそりと彼らの練習を見ている。口論をしながら練習しているところをひたすら、「見る」。それで、彼らひとりひとりの性格を理解しようとする。つまり、タッツミーは彼らが好きなことを言ってぶつかり合うよう、わざと仕向けたわけである。そこで選手たちが先輩後輩関係なく思ったことを言い合う。そのなかで、選手それぞれの「個性」を見出そうとしたわけである。

タッツミーにとっての監督の仕事は、第一に選手を「理解する」ことから始まった。自主練を「見る」こと以外にも、選手の過去のサッカー歴や人間関係を調べたり休憩時間に選手に話しかけたりと、タッツミーは最初、選手を理解することにやたらと熱心である。

それはまさしく、本論で見てきた「ギャル的マネジメント」と同じ類のものだろう。多様性の高まった組織の「統合」（異質な者同士が、互いの違いをいかし合う段階）の第一歩は、組織の構成員ひとりひとりの個性を把握すること。そのために彼らについて調べ、話を聞くこと。すべてはそこから始まるのである。タッツミーは、「押し付ける」力が試される「同化」（違いを同化させる、違いを無視する段階）を基盤としたリーダーシップから、「聞く」力が試される「統合」を基盤としたリーダーシップへの転換をおこなったのである。

タッツミーが選手ひとりひとりの個性を理解しチームを再構築していくなかで、新しいスター選手が発掘されたりしてチームは次第に強くなっていく。

そのなかで、これまでのいわゆる「体育会系」のチームカラーの中心であったコシさんは徐々にチームの中心から外れ、ついにはタッツミーによってキャプテンの座を降ろされてしまう。代わりにキャプテンになったのは、チームの戦術面での中心人物、ルイジ吉田、通称ジーノであった。
しかしそれはタッツミーのコシさんに対する思いやりでもあった。『ジャイキリ』のなかでも特に感動的な場面で、キャプテンを外されたコシさんはタッツミーにこう言う。

「キャプテンとしてやるべきことはやってきた。この10年……俺は……自分の全てをETUに懸けてきたんだ!!」

それに対し、タッツミーはこう言う。

「うん。だからキャプテン外すんだよ。チームの事情……チームのバランス……戦術。そんなもんまでお前が背負いこむ必要はねぇ。俺に言わせりゃ……お前はただ……いい監督にめぐまれなかっただけだ」

つまり、タッツミーはコシさんに「チーム全体のことは自分に任せろ。

お前はひとりの選手に戻れ」と言ったわけである。

これは非常に重要なポイントである。コシさんが中心となった練習は同じことの繰り返しの、極めて単調なものであった。これはダイバシティ・マネジメントにおいては「同化」の段階に当たる。多様性を認めず、あるひとつの価値観へと全員を押し込める質の悪いマネジメントである。

そうしたコシさんの古いやり方のもとでは、当然、他の選手にストレスがたまり続けるわけだが、それは何もコシさんが無能だったからでも古い考えの持ち主だったからでもない。単に、選手であることとリーダーであることを同時にこなすなど負担が重くてできなかったにすぎないと考えることもできる。タッツミーもそう考えた。だから、お前に責任はないとコシさんに伝えたのだ。

これは、一昔前の「スポ根漫画」、有名なところで言えば、たとえば『キャプテン』[*3]などでは見られなかったものである。この漫画では、チームのキャプテンは同時に監督の役割も引き受けていた。しかし、それでも何とかチームは回っていたし強くなっていった。それは、彼らのマネジメントが多様性を前提とした「統合」ではなく、みんなが同じ「同化」ですまされたからだろう。「同化」である限り、マネジメントの負担は軽くて済む。だからキャプテンと監督の兼任が可能となっていた。

しかし時代は、単一な共同性を前提とした組織の時代から多様な個性を前提とした組織の時代へと変化した。そうすると、マネジメントがそれ自体でひとつの重要な役割となり、とても他の役割と両立できるものではなくなる。だからこそ、『ジャイキリ』のような、監督を主人公とした漫画が成立するようになったのである。

いまだに現場と掛け持ちで、昔の「スポ根漫画」のような「同化」を基礎にしたマネジメントがすばらしいと考えている人には、是非、『ジャイキリ』を読んで、新しい時代の「統合」を基礎にしたマネジメントを学んでもらいたい。

＊1　綱本将也・ツジトモ。講談社の『モーニング』にて2007年より連載中。
＊2　2010年4月から9月まで放送された。
＊3　ちばあきおによる野球漫画。1972年から1979年にかけて『月刊少年ジャンプ』に連載された。キャプテンが卒業後も新キャプテンのもとで（四代目まで）連載が続けられ、しかも彼ら全員のキャラが立っているという奇跡的なおもしろさで人気を博した。

おわりに

私の6冊目の単著となる本書は岡山県での集中的なインタビュー調査、科研費を使った大規模な全国調査と被災3県調査、[*1]甲南大学の阿部ゼミでのグループディスカッション、そして講義でおこなったJポップの歌詞分析をもとに書き上げた本である。

当初は『岡山の若者たち』(!)というタイトルで出版する気でいたのだが、それでは岡山県の人しか買わないだろうと方々から言われ、断念せざるをえなかった。しかし、岡山県の若者たちを見れば日本の地方に生きる若者たちのことが見えてくるに違いないという思いは変わらない。容赦なく進行する郊外のモータライゼーション、国道沿いに並ぶ巨大な路面店やショッピングモール、シャッター通りが増え高齢化の進む旧市街、人口の減少に悩む過疎地域、縮小する製造業と拡大するサービス業、地域社会と切り離された「脱社会化」した若者たち、古き良き「戦後日本」の幻影にしがみつく年長世代、広がる貧困とそのなかでいよいよ閉塞していく近代家族。すべてが「どこかで見た光景」であった。

そのことを証明したかったというわけではないが、この本では全国を対象にした大規模調査を差し込みつつ、岡山県のフィールドワークと並走するようなかたちで議論を進めていった。本格的な統計調査は今後の課題としたい。この本で語られていることはひとつの試編であり、その検証は、これからの調査、研究にかかっている。

＊1　「東日本大震災からの復興に向けた総合的社会調査」をおこなった「東日本大震災に対する価値観に関する実証的研究」（研究代表者：遠藤薫）は科学研究費助成事業（基盤研究B）の助成を受けたものである。

謝辞

この本は多くの方々のご協力があってようやく書き上げることができた。

吉備国際大学の轡田竜蔵さんとの共同調査がなければこの本がこの世に出ることはなかった。上野千鶴子ゼミの先輩であり、頼りになる先輩パパでもある轡田さんには、地道な調査をもとに理論的な研究を一歩一歩前進させていくという（できそうでなかなかできない）理想的な研究姿勢を学ばせていただいた。調査をはじめるにあたっての「岡山ツアー」を案内していただいた関西学院大学の川端浩平さん、大手前大学の谷村要さんにも貴重なアドバイスをいただいた。また、川端さんと轡田さんの参加するプロジェクト「朝鮮学校ダイアローグ」からは「ジモト」について考えるひとつのきっかけをいただいた。

「東日本大震災からの復興に向けた総合的社会調査」の共同調査者である学習院大学の遠藤薫先生、新雅史さん、小樽商科大学の佐藤雅浩さんには、統計調査を不得手とする私に質問票のつくりかたから分析の仕方まであたたかくご教示いただいた。4人で行った被災地調査で目にした甚大な被害の沿岸部と内陸部に広がる「ファスト風土」との間の「温度差」は、私に所構わず進行する郊外化の現実を突きつけた。この本は、そこで話し合ったことへの、ひとつの解答である。

朝日新聞出版の三宮博信さんは稲上毅ゼミの先輩で、「きっちり調査して、泥くさい本、出しましょうや」という姿勢は、大学時代、私をフィールドワークへと向かわせた「稲上スピリッツ」を思い起こさせた。稲上先生には遠く足下にも及ばないが、これからも続けていくであろう調査の中間報告くらいにはなったのではと思う。三宮さんには、原稿が遅れっぱなしの生意気な後輩である私に辛抱強く付き合っていただき、懇切丁寧なアドバイスをいただいた。

そして妻であるゆりには、前著である『居場所の社会学――生きづらさを超えて』のときと同じく、話があちこちに飛びがちな初稿を容赦なく校正してもらった。出来上がった原稿に目を通せば、感謝の気持ちでいっぱいである。また、娘の玲音をあやしながらの校正作業は、これまでの人生のなかで一番うれしい時間でもあった。

みなさん、ありがとうございました。今後ともよろしくお願いいたします。

参考文献

・阿部真大 2007『働きすぎる若者たち――「自分探し」の果てに』NHK生活人新書
・エスピン＝アンデルセン、ゲスタ 2000 渡辺雅男・渡辺景子訳『ポスト工業経済の社会的基礎 市場・福祉国家・家族の政治経済学』桜井書店
・新雅史 2012『商店街はなぜ滅びるのか――社会・政治・経済史から探る再生の道』光文社新書
・浅田彰 1986『逃走論――スキゾ・キッズの冒険』ちくま文庫
・バウマン、ジークムント 2001 森田典正訳『リキッド・モダニティ――液状化する社会』大月書店
・林弘子 1995「男女雇用機会均等法10年と今後の課題」『ジュリスト』1995年11月15日号
・鎌田慧 1984＝2007『教育工場の子どもたち』岩波書店
・神一行・JIN取材班 1985『「子殺し」時代の学校――いじめ・管理教育・体罰』勁文社
・轡田竜蔵 2011「過剰包摂される地元志向の若者たち――地方大学出身者の比較事例分析」樋口明彦・上村泰裕・平塚眞樹編著『若者問題と教育・雇用・社会保障 東アジアと周縁から考える』法政大学出版局
・南田勝也 2001『ロックミュージックの社会学』青弓社ライブラリー
・水口ひろし 1991『商店街が消える日――このままでは本当に商店街はゴーストタウン化する』ぱる出版
・中沢明子・古市憲寿 2011『遠足型消費の時代――なぜ妻はコストコに行きたがるのか？』朝日新書
・谷口真美 2005『ダイバシティ・マネジメント――多様性をいかす組織』白桃書房
・トクヴィル、アレクシス＝シャルル＝アンリ・クレレル・ド 2005 松本礼二訳『アメリカのデモクラシー』第1巻下岩波文庫
・辻創 1992「今こそ管理教育の復権を――自由放任はイジメと校内暴力を助長するのみ」『文藝春秋』

1992年3月号
・ウェーバー、マックス 2010 中山元訳『プロテスタンティズムの倫理と資本主義の精神』日経BP社
・湯浅誠 2012『ヒーローを待っていても世界は変わらない』朝日新聞出版

初出一覧

・第1章、第2章、第3章　書き下ろし
・第4章、第5章　「若者に学ぶ」（『月刊福祉』２０１２年11月号）
・第6章　「実践！職場で居場所づくり　第7回～第13回」（『労政時報』ｗｅｂマガジン「jin-jour（ジンジュール）」）
・コラム1、コラム2　書き下ろし
・コラム3　『「郊外」の風景に見る3・11後の未来」（東京新聞　２０１１年11月15日夕刊）
・コラム4　書き下ろし
・コラム5　「実践！職場で居場所づくり　第14回、第15回」（『労政時報』ｗｅｂマガジン「jin-jour」）

阿部真大　あべ・まさひろ
1976年、岐阜県生まれ。東京大学卒。社会学者。甲南大学准教授。専門は労働社会学、家族社会学、社会調査論。ポスト日本型福祉社会におけるセーフティネットのあり方について社会学的な見地から考えている。著書に『搾取される若者たち――バイク便ライダーは見た!』(集英社新書)、『合コンの社会学』(北村文との共著、光文社新書)、『居場所の社会学――生きづらさを超えて』(日本経済新聞出版社)など多数。

朝日新書
406

地方《ちほう》にこもる若者《わかもの》たち
都会と田舎の間に出現した新しい社会

2013年6月30日第1刷発行

著　者　阿部真大

発行者　市川裕一
カバーデザイン　アンスガー・フォルマー　田嶋佳子
印刷所　凸版印刷株式会社
発行所　朝日新聞出版
〒104-8011　東京都中央区築地5-3-2
電話　03-5541-8832(編集)
　　　03-5540-7793(販売)

Published in Japan by Asahi Shimbun Publications Inc.
ISBN 978-4-02-273506-5
定価はカバーに表示してあります。
落丁・乱丁の場合は弊社業務部(電話03-5540-7800)へご連絡ください。
送料弊社負担にてお取り替えいたします。